たのしく読める

日本のすごい歴史人物伝

監修 筑波大学教授 伊藤純郎

高橋書店

はじめに

歴史とは、いったいなんでしょう。それは、わたしたち人間がこれまで歩んできた道のことです。

遠い昔にくらしていた人たちも、みんなと同じように笑ったり泣いたり、おこったりなやんだりしながら、いろんなことを考え、自分が生きる道を選んできました。

なかでも、それぞれの時代で国や社会を動かした人たちは、とくにむずかしい道を歩いてきました。かれらは、とっても個性的。びっくりするほど新しい考えをもっていたり、なにごとも最後まであきらめなかったり、人をひきつけるふしぎな力があったり。世の中がうつりかわるときに、苦しみながらも自分のこころざしをつらぬいてきた人たちです。

この本を読むと、そんなみりょくてきな人たちが当時、どんなことを考え、行動してきたのかが、わかります。

さあ、歴史を学び、過去に生きていたすごい人たちに会いに行きましょう。歴史上の人物を知ることは、これからみんなが生きていくため、平和な社会をつくっていくためのヒントになるはずです。

筑波大学人文社会系教授
伊藤 純郎

もくじ

はじめに

第1章 歴史をひらいた 日本のはじめのすごい人

第2章 いちばんをめざせ！ 戦国時代のすごい人

第3章 こせいが光る！ 江戸・幕末のすごい人

第4章 世界においつけ! 明治のすごい人

第5章 今につながる 大正・昭和のすごい人

・本書の内容は、歴史上の人物をめぐる、さまざまな論のうちのひとつを採用し、制作しています。
また本文中の表現は、人物の特色をわかりやすく表現するために一部脚色しており、史実と異なる場合があります。

編集協力：清水あゆこ　執筆協力：田中真理　武藤久実子　安延尚文　株式会社かみゆ　栗栖美樹
アートディレクション：辻中浩一　本文デザイン：辻中浩一・内藤万起子（ウフ）　DTP：天龍社
校正：新山耕作　イラスト：メイヴ　森永ピザ　つきおかゆみこ　なかさこかずひこ！　和久田容代　ツダタバサ

第1章

歴史をひらいた日本のはじめのすごい人

「日本」のはじまり

日本。この国はいったい、いつ生まれたのでしょうか。それは昔、大陸の人びとが食べものを求めてやってきたことから、はじまります。

1万年前に大陸と日本のあいだに海ができて、日本が島になったころ、人びとはイノシシや魚や貝をとって生活していました。「縄文時代」とよばれる時代です。それから人びとは、家を建て、村をつくり、米などの農作物を協力して育てるようになりました。

2300年くらい前の「弥生時代」になると、たくさんある村をまとめようとする、力のある人たちが出てきます。この「人びとを動かす力をもつ」人たちを中心に、村はまとまって大きくなり、小さな「国」がたくさんできていきました。

ずっと昔に生きていた、人びとを動かす力をもったすごい人。こんな人たちが活やくし、今の日本は少しずつ、つくられてきたのです。いったいどんな人たちだったのでしょうか。これから見ていきましょう。

日本をまとめた最初の王は「うらないし」だった！

卑弥呼

3世紀中ごろ

弥生時代の終わりにいたとされる倭の国の女王。中国の歴史書「魏志倭人伝」にその名が残され、邪馬台国をおさめていたといわれる。

今から1800年ほど前の弥生時代。日本はひとつの国ではなく、百をこえる小さな国の集まりで、国どうしが土地をうばいあう争いをくり返していました。そんなとき、あらわれたのが、邪馬台国という国の女王、卑弥呼です。

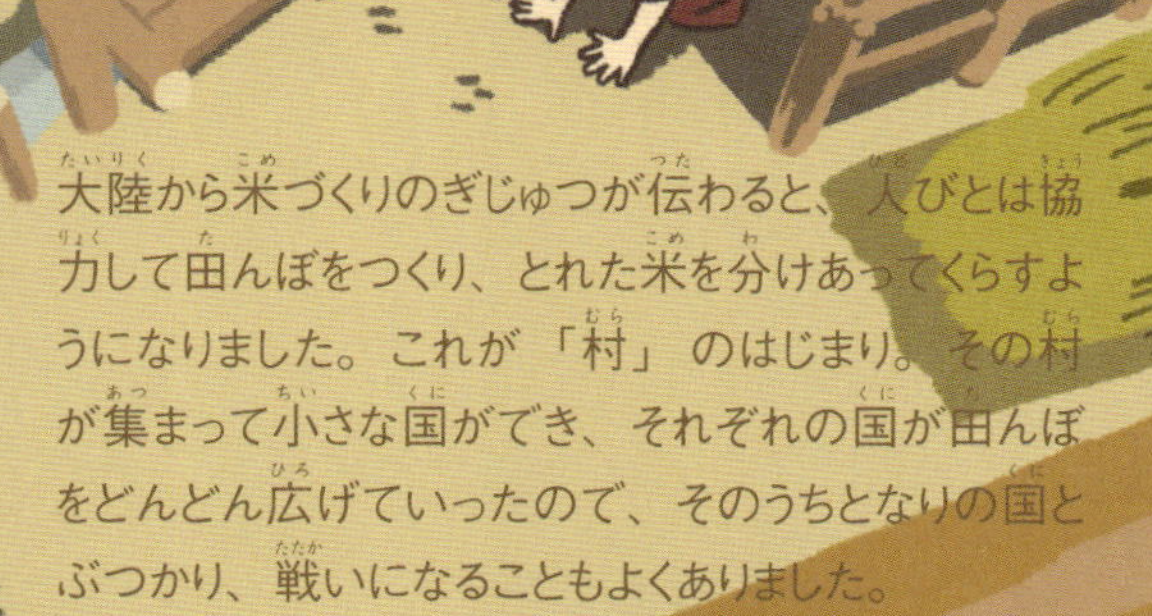

大陸から米づくりのぎじゅつが伝わると、人びとは協力して田んぼをつくり、とれた米を分けあってくらすようになりました。これが「村」のはじまり。その村が集まって小さな国ができ、それぞれの国が田んぼをどんどん広げていったので、そのうちとなりの国とぶつかり、戦いになることもよくありました。

卑弥呼は「うらない」の力で国ぐにをひとつにまとめあげたといわれています。そう、日本で最初に国をまとめた王は、なんと「うらないし」だったのです。

ここはおらたちの田んぼだ！出ていけ！

この土地はもらったぜ！

卑弥呼
ザッ

ベスト3!
①
だれなのか
わからない!

卑弥呼という名前は中国の歴史書に書かれていたもので、日本でのよび名はわかっていません。天皇のおきさきだとか、日本のえらい神様のひとり「天照大神」のことだといわれるなど、その正体は、今もなぞにつつまれています。

光を当てると、かべにはんしゃしたところにもようがうかびあがる「魔鏡」で、人びとをおどろかせていたという説もあります。

コラ!!

卑弥呼のなぞ

②
すがたを見せない！

女王となってから、そのすがたを見たものはいないといわれています。千人の女の人がつかえるやしきのおく深くに住み、弟とみられるひとりの男の人が、卑弥呼の言葉を外の人間に伝えたといわれます。

③
国の場所がわからない！

近畿地方からは、お墓のあとや動物のほねが、九州地方からは、うらないに使った鏡などが多く見つかったため、邪馬台国はそのどちらかにあったという説があります。しかし、どちらからもたしかなしょうこは見つかっていません。

「鬼道」で人びとの心をとらえた！

卑弥呼が使ったうらないは「鬼道」とよばれていました。神を自分にとりつかせてお告げをしたり、あやしい術を使って人びとをみちびいたりしたといわれています。

古墳とは?

昔、身分の高い人が死んだときにつくったお墓のこと。土を山のようにもりあげるのがとくちょう。力がある人ほど、大きいものがつくられました。

卑弥呼が死ぬと、直径150メートルほどもある大きな墓にほうむられたといわれています。奈良県にある箸墓古墳がそれだという説もありますが、たしかではありません。卑弥呼の墓には、当時の決まりとして、百人あまりの「どれい」がいっしょに生きうめにされたといわれています。

卑弥呼の死後、壱与という13才の女王がたんじょうしたようですが、その後の記録はなく、今も卑弥呼と邪馬台国にかかわる多くのなぞは、とけていません。

卑弥呼が死んだとき、日本列島では、月と太陽が重なって太陽がかくれて見える「日食」が起きたといいます。昔の人は、日食を「世界の終わり」と考えていました。その後、男を王にしようとすると国がみだれ、また日食が起きました。そこで、壱与という少女を王にしたところ、ようやく国が落ち着いたということです。

きみへのメッセージ

正体がわからなかったり、うらないを使ったり…。わたしのこと、なんだかあやしいやつって思っているかもしれないけど、その「あやしさ」が、ときに人の心をつかむのに役立つのよ。大きなことをなしとげるには「人びとの心をつかむためにはどうすればよいのか」をよく考えることね。きっと、あなたならではのやり方が見つかるはずよ！

卑弥呼

和を大切にした、飛鳥時代のスーパーエリート

聖徳太子

574年〜622年

飛鳥時代の皇族、政治家。本名は厩戸皇子。天皇中心の政治に取り組み、仏教の信仰もあつかった。伝説の人物との説もある。

天皇を中心に、「豪族」とよばれる力のある一族がいくつも集まり、政治を行っていた飛鳥時代。しかし、とくに大きな力をもつ豪族、蘇我氏と物部氏の対立で、政治を行う「朝廷」はみだれていました。そこに、さっそうとあらわれたのが聖徳太子！

「みな、争いをしている場合ではない」

もしも…
聖徳太子が会社役員だったら…

聖徳太子は、豪族たちの争いをおさめ、政治の大改革をつぎつぎと成功させていきました。
YAMATO
コーポレーション
推古天皇
聖徳太子のおばで、日本初の女性の天皇。
社長
蘇我氏
外国とのつきあいをまかされていた豪族。中国から伝わった仏教を日本に広めようとしていた。
重役
おはよう
専務
聖徳太子
用明天皇の子として生まれ、19才で天皇を助ける「摂政」という地位につき、推古天皇を中心とした政治を行う。
物部氏
昔から伝わる日本の神を信じ、仏教が広まることに反対していた豪族。
重役

専務・聖徳太子のかっこよすぎる仕事ぶり

◀キセキの耳をもつ男！

役人として、人びとのうったえを聞くのも聖徳太子の仕事でした。しかし、みな「われ先に」としゃべり出すので、だれがなにを言っているのやら、さっぱりわからない…。そんなとき、聖徳太子は10人が同時に話しても、まちがわずに聞き分け、全員に正しく答えたといいます。すごすぎる！

◀身分によるしきたりをうちやぶる、新しいしくみを取り入れた！

どんな家に生まれたかによって、仕事や地位が決まっていた時代。聖徳太子は、たとえ身分が低くても、力がある役人には重要な仕事をまかせるという決まり「冠位十二階」を定めました。日本ではじめて、身分よりも実力がだいじだということをしめしたのです。かしこすぎる！

日本初の法令を定めた！▶

聖徳太子は、「争いをやめて、仲良くすること」「天皇の命令にはしたがうこと」など、役人のきほん的な心がまえを定めた法令「憲法十七条」をつくりました。社会を安定させるためには、このような決まりごとが必要だと考えたのです。
もっともすぎる！

◀仏教文化のみなもと、法隆寺を建てた！

世界でもっとも古い木造の建物、法隆寺をつくったのも聖徳太子。建物だけでなく、中におさめられた仏像やたからもとてもめずらしいもので、世界遺産にもなっています。すばらしすぎる！

あちらを立てて、▶こちらも立てた！

仏教を大切にする蘇我氏をみとめつつ、役人や豪族が力をもちすぎて争いが起こらないよう制度を整えていった聖徳太子。だれかが強い不満をもたないように、あちこちに気を配りながら政治を動かしていきました。うますぎる！

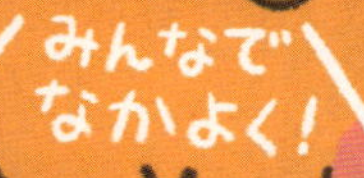

聖徳太子は政治だけでなく、文化や学問でも新しいものを進んで取り入れました。小野妹子を当時の中国・隋に「遣隋使」として送り、日本になかった文化や学問、仏像などを持ち帰らせました。

平和な社会をめざして、さまざまな制度をつくった聖徳太子。あまりにすごい話が多いので、伝説上の人物ともいわれています。

煬帝（隋の皇帝）
「日がのぼる国の天子より、日がしずむ国の天子へ手紙を送ります」ではじまる聖徳太子の手紙を読み、「日がしずむなんて、国がおとろえるようで無礼だ！」とはらを立てますが、最後には日本を国としてみとめました。

小野妹子
聖徳太子から隋の皇帝にあてた手紙を持ち、日本からはじめて隋にわたった遣隋使。女性の名前みたいだけど男性です。

きみへのメッセージ

この先どうなるのか不安なときこそ、新しい考え方でのりきることを、わたしはおすすめしたい。たとえば、身分で人を差別しなければ国はもっと栄えると思いついた、わたしのようにね。新しくなにかをはじめるのは少しこわいかもしれないが、そんなときは、わたしのことを思い出してほしい。やさしい心をもてば、きっとまわりの人も力になってくれるはずだ。

聖徳太子

空海

日本の仏教を変えたカリスマ僧！

774年～835年

平安時代のはじめに活やくした僧で、弘法大師ともよばれた。中国から日本に密教を伝え、高野山で真言宗をひらいた。書道の達人としても有名。

昔、空海というかしこい子どもがいました。空海はよく勉強し、18才になるとえらい役人になるための学校に進みます。これは、当時の「エリートコース」でしたが、学校で出会った仏教が、運命を大きく変えます。仏教の研究にのめりこむようになった空海は、役人になる道をあっさりとあきらめ、仏教修行の旅に出て、山林やどうくつにこもりました。そのなかで、空海は「密教」という仏教に新たに出会い、密教をきわめることを心にちかうのでした。

「密教」ってなに?

密教とは、書物を読んで頭でりかいするそれまでの仏教とはちがい、修行により、自分の心の中に仏様がいることを感じ、その仏様とひとつになろうとするもの。自分の心のけがれを見つめ、弱い者を思いやる行動をすれば、生きたまま仏様になれるという教えです。

空海はふるさとの四国や吉野の山などを旅しながら、きびしい修行を重ね、中国語や古代インドのサンスクリット語まで勉強したといわれています。

高野山真言宗 総本山 金剛峯寺

①

密教を深くりかいするためには、本場で学ばなければならないと考えた空海は、30才で中国にあった唐という国にわたりました。空海は、唐のえらいおぼうさんから教えを受けると、わずか2年で身につけ、正式な密教の伝え手としてみとめられました。

②

きちょうな密教の本や道具とともに日本へ帰国した空海は、42才のとき、天皇から今の和歌山県にある高野山をあたえられました。空海は、そのてっぺんに金剛峯寺を建て、「真言宗」をひらきました。

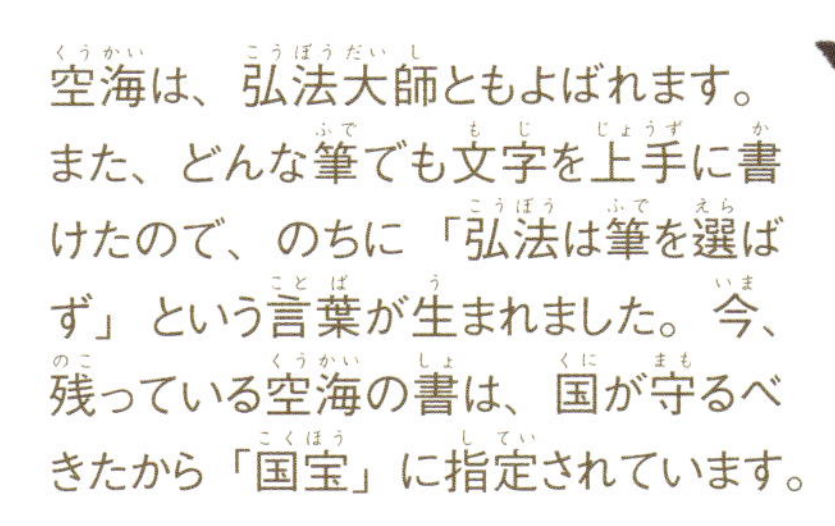

空海は、弘法大師ともよばれます。また、どんな筆でも文字を上手に書けたので、のちに「弘法は筆を選ばず」という言葉が生まれました。今、残っている空海の書は、国が守るべきたから「国宝」に指定されています。

国宝

4

空海にはさまざまな伝説があり、こまっている人に出会うと、いのりの力を使って救ったといいます。水不足で苦しんでいた土地では、空海がつえをつくといずみがわき、井戸や池になったという伝説も残っています。

3

やがて空海は、天皇から今の京都府にある東寺もあたえられ、そこを真言宗の道場としました。となりには、身分を問わず教育が受けられる学校を建て、多くの人に教えをあたえました。

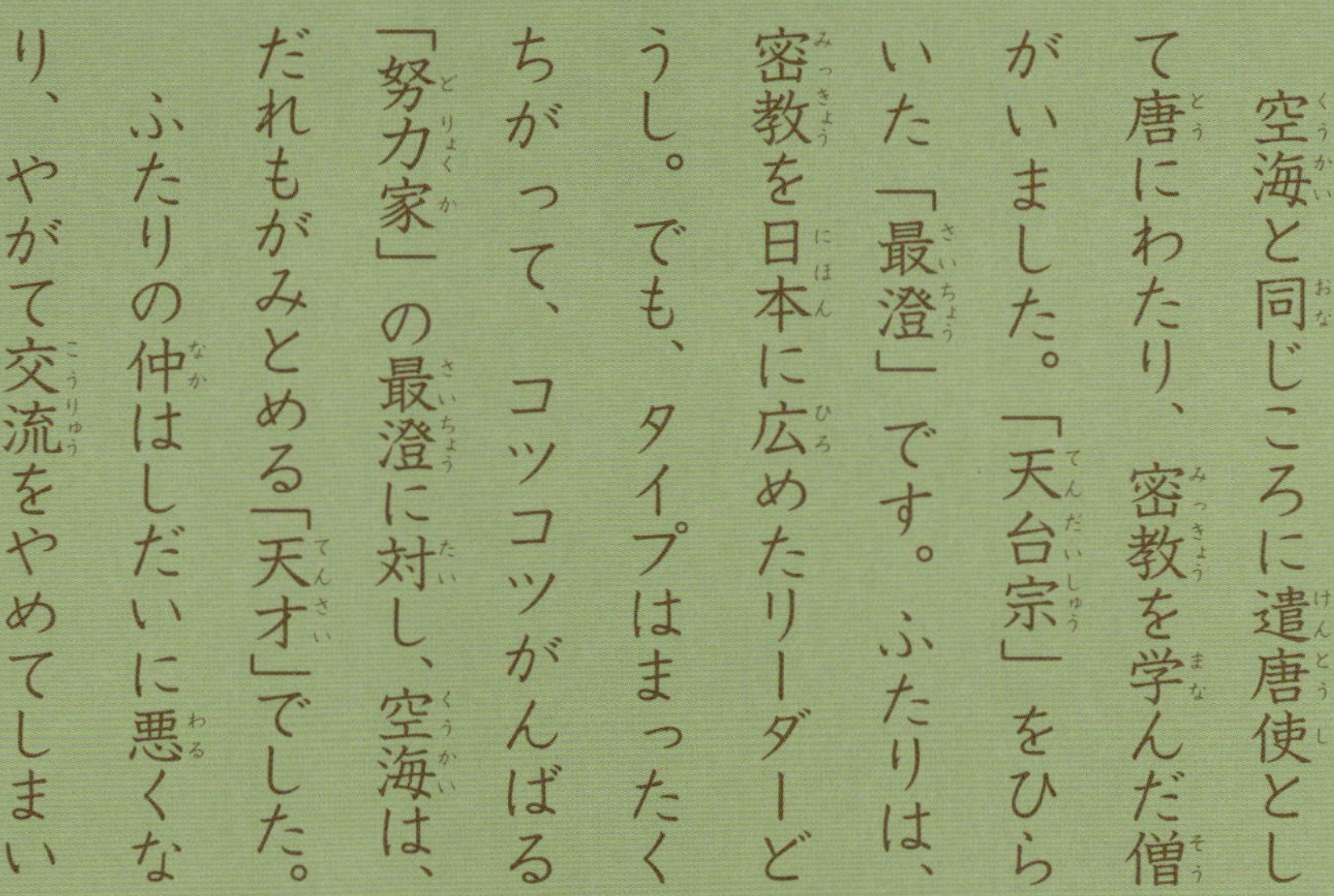

空海と同じころに遣唐使として唐にわたり、密教を学んだ僧がいました。「天台宗」をひらいた「最澄」です。ふたりは、密教を日本に広めたリーダーどうし。でも、タイプはまったくちがって、コツコツがんばる「努力家」の最澄に対し、空海は、だれもがみとめる「天才」でした。ふたりの仲はしだいに悪くなり、やがて交流をやめてしまい

その経典をかしてもらえないか？
NO!
本によってではなく、修行によってこそ、密教の心は学べるはずです
ひえい山がイチバン
密教は高野山

最澄
767年～822年

今の滋賀県に、天台宗のおおもととなる寺「比叡山延暦寺」をひらいた。今、全国各地に広がっているさまざまな仏教を広めたリーダーのほとんどが最澄の弟子といわれるほど、すぐれた指導者だった。

空海の旅は終わらない…

ます。けれども、密教を通して人びとにつくしたいという思いは、同じでした。

役人の道を選ばず、ひたすら心を見つめる修行僧となり、仏様と人びとのために一生をささげた空海は、密教の「カリスマ」として広く信じられ、愛されました。

空海さま…

きみへのメッセージ

エリート役人の道は外れたが、おかげでわたしは本当に自分の歩むべき道を見つけられた。お金がもうかり、生活が安定することよりも、仏様につくして人びとを助ける仕事を、わたしは選んだのだ。

きみも、自分が本当にやりたいことはなんなのか、心の声にいつも耳をかたむけてほしい。

空海

国のてっぺんまでのぼりつめた平安貴族

藤原道長

966年〜1027年

平安時代中期の貴族。自分のむすめをつぎつぎと天皇にとつがせて、天皇家との結びつきを強め、朝廷で天皇に次いで高い地位についた。

「平安時代」と聞くと、どんなことを思いうかべますか？　おひなさまや、おだいりさまみたいな人たちが、せんすで顔をかくしてホホホと笑っているイメージでしょうか。

大せいかい！　その人たちは「貴族」とよばれるお金持ちで、平安時代は、貴族が政治や文化など、世の中の中心にいました。そんな「平安貴族」の代表のような人物が、藤原道長です。

うちは、名門の藤原氏一族。
とはいえ、親の地位をひきつぐのはたいてい長男だ。
わしは三男だから、
そのむすこであるおまえたちも、
出世はのぞめないのう…
父・兼家
長男
次男
三男

最後は、天皇に代わって政治を取りしきるまでになる道長ですが、じつは、最初から出世が約束されていたわけではありませんでした。

道長は、いったいどのようにして、政治のトップへとのぼりつめたのでしょうか。

LEVEL4

姉の協力で、高い地位につく!

道長の兄たちがなくなり、そのあとつぎの地位を、いちばん上の兄の子・伊周と道長が争いました。このとき、天皇の母である道長の姉は、かわいがっていた道長に地位をつがせるよう天皇に強くすすめました。そのおかげで、道長は摂政や関白とならぶ高い地位となりました。

LEVEL2

姉が天皇とけっこんし、生まれた子が天皇に!

道長の姉が天皇とけっこんし、男の子を産みました。そこで父・兼家と道長たち兄弟は、次の天皇に決まっていた人をだまして、道長の姉の子を天皇にさせたのです。兼家は、おさない天皇の代わりに政治を行う「摂政」という地位につき、道長たちもどんどん出世していきました。

LEVEL1

父の兄たちが死ぬ

道長の父・兼家のふたりの兄がなくなり、兼家が右大臣になりました。

LEVEL5

長女と次女を天皇とけっこんさせる

道長は今の地位を守るために、自分のむすめたちを当時の天皇とけっこんさせました。まず、長女の彰子を一条天皇とけっこんさせ、さらに次女も、その次の天皇とけっこんさせました。

LEVEL3

父のあとをついだ兄がふたりとも死ぬ

父・兼家がなくなると、いちばん上の兄・道隆があとをつぎました。しかし、数年後に道隆は病気でなくなり、そのあとをついだ２番目の兄も、摂政と同じく天皇を助ける「関白」という地位についたわずか数日後に、病気でなくなりました。

女の子が生まれると大よろこび！

当時、貴族の家では、むすめを天皇とけっこんさせ、生まれた子が天皇になれば、むすめの父親は天皇のおじいちゃんとして高い地位につけました。このため、女の子が生まれるとよろこび、天皇に愛されるよう先生をつけて勉強させ、病気にならないよう大切に育てました。

道長の三女が後一条天皇とけっこんした日、道長のやしきでははなばなしいうたげが開かれました。道長は、このときのうれしさを和歌によみ、集まった人たちにひろうしました。

長女の子が天皇になり、摂政となる！

長女・彰子の子が天皇になると、道長は49才で摂政となりました。ついに政治でトップの地位についたのです！　その後、三女も別の天皇とけっこんさせ、なんと３人のむすめを天皇のきさきにすることに成功しました。

うたげを開いた次の年、道長は病にたおれます。それからは、仏の道に入って寺を建てることに力をそそぎ、61才でなくなりました。道長の地位はむすこの頼通にひきつがれますが、頼通が死ぬと藤原氏の力は弱まっていったのでした。

きみへのメッセージ

どんなに高い目標でも、あきらめる必要はない。チャンスはかならずどこかにひそんでいる。それをだれよりも早く見つけ、のがさずにつかむ！　運は、自分で引きよせるものなのさ。

藤原道長

平安文化絵巻
―都に花開いた女流文学―
平安時代になると、中国から伝わった漢字の形をくずして、かんたんにした「カタカナ」や「ひらがな」が生まれ、これらを使ってすぐれた和歌や文章を書く女性が登場しました。
いろはに
ほへと
源氏物語
きせきの美男子「光源氏」がさまざまな美女と恋をしていく物語。登場人物たちをとりこにしていく光源氏のかっこよさや切ないストーリーに、都の人びとも熱中！
ライバルの貴公子と取り合った女性が、じつは鼻の大きなすごいブサイクだったなんて、おもしろいかも…
ふふふ
紫式部
970年代～1010年代
歌人や学者の一族に生まれ、おさないころから文学に親しんでいました。藤原道長のむすめで、一条天皇のきさきである彰子につかえながら「源氏物語」を書きました。
思ひつつ寝ればや
人の見えつらむ
夢と知りせば
覚めざらましを

清少納言
?年～?年
歌人・清原元輔のむすめで、一条天皇のきさき・定子につかえました。学問ができ、広い知しきをもっていて、宮中生活の思い出や心にうかんだことを自由に記した随筆「枕草子」を書きました。
2、3才くらいの子が地面のゴミを見つけて、ちっちゃな手で「はい」って見せてくれるのって、超かわいいよね～♪
枕草子
「すずめの子ってかわいくて心ときめく！」「こっそりきてくれた恋人にほえかかる犬ってにくらしい！」など、するどいセンスで毎日のできごとが書きつづられている、いわばエッセイ。
小野小町
?年～?年
平安時代初期の歌人。たいへんな美人であったと伝えられ、はげしい恋の歌を数多くよみました。
かれのことを思いながらねちゃったから、ゆめに出てきてくれたのかな？ ゆめってわかっていたら、ぜったいに起きなかったのになあ…

武士の時代をはじめた！

平清盛

1118年〜1181年

平安時代後期の武将。保元の乱・平治の乱で勝利し、太政大臣にまでのぼりつめる。貴族が中心だった政治を、武士が中心の政治へと変化させた。

よろいかぶとを身につけ、弓矢や刀で勇ましく戦う「武士」。この武士という身分は平安時代に生まれ、もともとは、貴族や豪族を守る役目でした。

しかし、平安時代の終わりには、武士は政治の世界でも活やくするようになります。そして、政治のトップまでのぼりつめた最初の武士が、平清盛です。

貴族中心の世の中で、武士の身分からのしあがり、武士の世の中をつくりあげた平清盛とは、どんな人だったのでしょう？　まわりにいる人たちに聞いてみましょう！

あいつはぬけめのない、頭のいいやつだ。

清盛は、かつてはともに戦った仲間だった。しかし、その戦いで活やくしたわたしより、たいしたはたらきもしていない清盛のほうが、ごほうびを多くもらったのだ！　身分の高い人から気に入られるように、かげで動いていたにちがいない…。清盛に不満をもつ者は多くなり、ついに源氏と平氏が戦うことになった。しかし、われら源氏は敗れ、勝った清盛はさらに力をもつようになったのだ。

清盛様は、とてもやさしいお方です！

わたしのような身分の低い者も、一人前にあつかってくださるんですから。あるめしつかいが大失敗をしたときも、大声を上げておこるようなことはなかったそうです。本当に、思いやりのあるお方でございます。

しきたりにとらわれずに行動できる人ですね。

いやあ、清盛さんにはびっくりしましたよ。日本は長年、外国と正式なつきあいをしてこなかったのに、清盛さんはわたしの国「宋」との貿易に力を入れてくださいました。そのうえ、外国の商人であるわたしを、都でいちばんえらい後白河法皇様に会わせてくれたんです！　ふつうならぜったいNGですよ！

「迷信」が大きらいな、いつも冷静な方だったようですね。

港の工事がなかなか進まなかったとき、海の神のいかりをしずめるために、人を海底に生きうめにする「人柱」をささげる話が出たんです。でも、清盛様は「人柱など迷信だ！」とやめさせました。雨ごいのおいのりも、「日照りのあとで雨がふるのは当たり前だ」と鼻で笑っていたそうですよ。

ひとことで言えば「親ばか」ならぬ「孫ばか」ね。

わたしが高倉天皇のむすこを産んだときもすごかったわ。だっこしたら、一日中はなさないんだもの！　まあ、あの子が天皇になれば、自分が政治のトップに立てるわけだから、無理もないけどね。あの子が指でしょうじにあなをあけちゃったときも、おこるどころか、そのしょうじを大切にしまっておくっていうんだから、正直、あきれたわ…。

清盛か、あいつは天皇も利用するおそろしいやつじゃ。

わしが天皇だったころは、金や軍隊をおしみなく出してくれる清盛をたよりにしておった。しかし、それは貴族社会で力を強めるための作戦だったのじゃ。あいつは政治で力をもつと、自分の一族の者をどんどん高い位につけて、気がつけば朝廷の重要な役目は平氏がひとりじめじゃ！　わしがはらを立てて、あいつの土地を取りあげたら、なんと兵を挙げて、このわしをやしきにとじこめおった！　本当におそろしいやつじゃ…。

冷血で、用心深い人間です。

わたしの父・源義朝は、平治の乱で清盛に敗れ、のちに殺されました。清盛は「長男を生かしておけば、いつか仕返しにくるだろう」と考え、13才だったわたしも殺そうとしました。

ところが、清盛の義理の母がわたしを助けるように強くたのんだので、わたしを伊豆へ流すことにしたのです。流刑というやつです。

清盛に命を救われたわたしが、それから20年以上たって平氏をほろぼしたのは、ふしぎな運命といえるかもしれません。

清盛は死ぬ直前に、「自分が死んだら、そうしきなどいらぬ。頼朝の首を取ってわが墓の前にそなえよ！」とさけんだそうです。清盛は、わたしを殺さなかったことを、ひどくこうかいしていたのでしょうね。

政治のトップに立ち、ほしいものを全部手に入れたかのような清盛でしたが、一族で高い地位をひとりじめにするその勝手なやり方を、よく思わない人がふえていきます。そして、源頼朝ひきいる源氏との戦いのなか、清盛は病気にかかり、64才でなくなりました。

ジャジャーン
いやあ、きょうみ深いお話が聞けましたね！

ときにはやさしく、ときにはずるがしこく、さまざまな顔をもっていた清盛さん。

古い考えやルールにしばられずに、新しいことにチャレンジしつづけた人物といえますね。

では、またいつかお会いしましょう！

きみへのメッセージ

「武士だから」「貴族だから」「身分が低いから」「昔からこうだから」といった古いしきたりやじょうしきなど、わたしはまったく気にしない。だいじなのは「自分がどうしたいか」、それだけだ。そして、一度やると決めたことは、かならずなしとげる！　つねに自分に正直でいることをわすれてはならないぞ。

平清盛

強いリーダーシップで幕府をひらいた！

源頼朝

1147年～1199年

平治の乱で平清盛に敗れた源義朝の子。今の静岡県伊豆に流されるが、その後、平氏をたおすために兵を挙げる。平氏をほろぼし、鎌倉に幕府をひらいた。

クラスの学級委員や、クラブの部長をまかされたことがある人は、たくさんの人をまとめるむずかしさを知っていると思います。

今から800年以上前にも、そんなみんなと同じなやみをかかえながらも、みごと全国の武士をひとつにまとめたリーダーがいました。鎌倉に、国の政治を取りしきる「幕府」をはじめてひらいた、源頼朝です。

頼朝は13才で平氏にとらえられ、
それから約20年間、見知らぬ土地で
流人としてくらしていました。
そんな頼朝が、どうやって日本の
武士のリーダーになったのか、本
人に語ってもらいました。

リーダーに必要なもの・・・第一回【源頼朝氏】

流人だったわたしが将軍になるまで

これからは武士が政治を行う時代です

【鎌倉幕府・征夷大将軍 源頼朝氏】

とらわれの身だった子ども時代

源頼朝（以下頼）**：**13才で伊豆に流されてからは、とにかくずっとお経を読んだり、書きうつしたりしてすごしていましたね。平氏との争いで父や兄をはじめ、一族のほとんどを失いましたからね。

インタビュアー（以下イ）**：平氏になにかひどいことをされたりは…？**

頼：見はりがいたとはいえ、せまい所にとじこめられたりすることもなく、不自由のない生活を送っていましたよ。その土地の女性と恋人どうしにもなりました。じつは、おくさんの政子と出会ったのも、そのころなんです。わたしの見はりだった北条時政どののむすめでしてね。はははは。

「平氏をたおせ」と命令が下る！ そのときわたしは……

イ：そこから、どのようにして平氏をたおそうと動きはじめたのですか？

頼：都での平氏の悪いひょうばんは、伊豆にも聞こえてきていました。そんなとき、味方から「平氏をたおせ！」という手紙がとどいたのです。

イ：なるほど、それで「ついにこの時がきたか」と。

頼：はい。わたしは兵を挙げることを決意しました。とはいえ、流人の身だったので、まずは近くの有力武士を味方につけてから、力を広げていきました。そして、鎌倉に活動の中心地をおき、幕府をひらくじゅんびを進めました。

イ：とても着実に、計画を実行にうつしていったのですね。さすがです！

武士たちをまとめる「ひけつ」

イ：武士たちとの関係は、うまくいきましたか？

頼：時間がかかりましたね（苦笑）。かれらは自分が得することがいちばんだいじですから、自分の土地を守るため勝手に行動する者や、平氏にねがえる者がいつあらわれるかわかりません。

イ：そこは「あらくれ者」という感じですね。

頼：そこでわたしは、かれらが手がらを立てたときには新しい土地をあたえ、その代わりに、わたしにしたがってくれるよう、たのみました。そうして、今では「御家人」とよばれるかれらと、強い関係を結んだのです。

将軍
御家人
土地の支配をみとめ、手がらによって、新しい土地をあたえる
将軍にしたがい、命をかけて戦う

平氏との戦いと幕府づくり、どちらもあきらめない！

イ：しかし、幕府をひらくじゅんびを進めながら、同時に、各地で平氏とも戦っていたなんて、ねるひまもなかったのでは？

頼：いやあ、わたしは無理をするのは好きではないのでね。平氏との戦いは、弟の範頼と義経にまかせました。とくに義経は戦の天才で、かれがいなかったら、平氏をたおすことはできなかった。そして、幕府のさまざまな役目は、力のある役人たちにまかせました。

イ：思いきって「人にまかせる」ことも、時には大切？

頼：才能ある人間にそれぞれの仕事をまかせることこそ、着実にものごとを進めていくためのひけつです。人の才能や性格を見ぬく力も、リーダーには必要なんですよ。

「自分ひとりの力には、ありますからね」と語る頼朝氏
げんかいが

平氏をたおす！そして、全国支配のチャンス！

イ：そして1185年、ついに平氏をたおされたわけですが…どんなお気持ちでしたか？

頼：わが一族の悲願でしたからね…（遠くを見つめる頼朝氏）。でも、じつはですね、このときわたしは弟・義経に対するいかりにふるえていたんです。

イ：え？　英ゆうと名高い義経さんに？

頼：戦で活やくした義経は、わたしにことわりもせず、後白河法皇から高い地位をもらっていたのです。こんな勝手な行動をゆるしては、御家人たちにしめしがつきません。そこで、わたしは義経を追うために、全国各地に「守護※」「地頭」という役人をおき、ここから支配を全国に広げていったのです。

※ 守護…各地の御家人をまとめる役目と、地方の「けいさつ」としての仕事を行う
地頭…土地の管理と、国におさめる「税金」を集める仕事を行う

ついに将軍に！成功のひけつとは？

イ：朝廷から、幕府の最高の地位である「征夷大将軍」につくよう命じられたのが1192年。ついに「武士が政治を動かす時代」がやってきました！ズバリ、成功のひけつは？

頼：どんなときも冷静にはんだんして動き、まわりの人から信用される人間になることですかね。「力強いリーダー」なんてよくいわれますけどね、そんなことはないんです（笑）。じっさいには、御家人にも朝廷にも気をつかいながら、なんとかここまできたという感じです。苦労してつくったこの幕府のしくみが、長く続くことを願っていますよ。

「家では、おくさんの政子が〝将軍〟です」と笑う頼朝氏

こうして、源頼朝氏によって鎌倉幕府がひらかれ、「鎌倉時代」がはじまった。頼朝氏がつくりあげた、「幕府」という武士が政治を行うしくみは、江戸時代の終わりまで、およそ700年ものあいだ、続くことになる。

きみへのメッセージ

人から信用されるためには、まず自分が相手のことをりかいすることだ。わたしも御家人ひとりひとりのとくちょうを頭に入れていたからこそ、いざというとき、だれになにをたのむか、すぐに決められた。そして、その人を正しくひょうかしたから、相手からも信用されたのだ。みんなも、リーダーをまかされたら、メンバーひとりひとりとよく話し、りかいしよう。そうすればかならず、よいリーダーになれるだろう！

源頼朝

弥生時代～鎌倉時代ってこんな時代！

100以上の小さな国がひとつにまとまったあと、天皇が中心となり、都におかれた「朝廷」が政治を行う国のしくみがはじまりました。平安時代は、貴族が政治や文化の中心となりましたが、続く鎌倉時代には、武士による政治が行われるようになります。

239年
《弥生時代》
邪馬台国の女王・卑弥呼が、今の中国にあった魏という国に使いを送り、金印や銅鏡を受け取る

350年ごろ
「大和朝廷」ができ、全国統一を進める
このころ、中国から漢字が伝えられる

538年
朝鮮半島にあった百済という国から仏教が伝わる

592年
《飛鳥時代》
初の女性天皇、推古天皇が即位する

593年
聖徳太子が天皇に代わって政治を行う「摂政」になる

607年
小野妹子が、今の中国にあった隋という国へ遣隋使としてわたる

645年
「大化の改新」がはじまる

「大化の改新」ってなに？

聖徳太子の死後は、朝廷で力をもっていた蘇我氏が、政治を自分たちの都合のいいように進めていました。そこで中大兄皇子と中臣鎌足などが蘇我氏をたおし、天皇を中心とした政治のしくみを新しく整えました。その後、中大兄皇子は天智天皇となり、中臣鎌足は藤原鎌足と名のります。藤原氏のたんじょうです。

日本にはじめて文字が伝えられた！

もともと日本には文字がなく、ものごとは人から人へ話すことで伝えられていました。しかし、中国から漢字が入ってきたおかげで、できごとを記録したり、さまざまなものごとを書きあらわしたりできるようになりました。

おしゃれ！　古代人のアクセサリー

人間がアクセサリーを身につけるようになったのは、２万年以上も前のこと。日本の弥生時代には、貝でつくったうで輪や木でつくったかんざし、ガラスや石でつくった玉をつなげたネックレスなどが、すでに身につけられていました。

672年
大海人皇子と大友皇子が、天皇の位を争った戦い「壬申の乱」が起こる

701年
悪い行いへのばつと、政治を行うための決まりを定めたはじめての法律「大宝律令」が完成する

710年
平城京に都がうつり、奈良時代がはじまる

《奈良時代》

712年
日本でもっとも古い歴史書「古事記」がつくられる

752年
国の安全と平和を願ってつくられた、奈良の東大寺の大仏が完成する。高さは約15メートル！

753年
唐の僧、鑑真が仏教を伝えるために日本へ来る

759年
日本でもっとも古い歌集「万葉集」がつくられる

「壬申の乱」はなぜ起きた？

天智天皇の弟である大海人皇子が、天智天皇のむすこである大友皇子に反乱を起こし、天皇の位をうばった事件「壬申の乱」。天智天皇の次の天皇は弟の大海人皇子と決まっていたのに、天智天皇がむすこへ位をゆずったために起きたともいわれています。

「万葉集」ってどんなもの？

天皇や貴族から農民まで、さまざまな身分の人がよんだ和歌を4500首以上も集めてつくられた和歌集です。自然の美しさや恋愛についてよんだ歌だけでなく、まずしい人びとのくらしをよんだ歌、九州の兵士が遠い京の都にいる家族を思ってよんだ歌などもおさめられています。

外国人から見た日本…鑑真（688 年～ 763 年）

唐の僧だったワタシは、正しい仏教を教えてほしいとたのまれ、日本へわたる決意をしました。しかし、船が大あらしにあうなど５回も失敗をくり返し、ようやく日本にたどりついたのは10年後。そのとき、ワタシの目は見えなくなっていました。日本の人びとは仏の教えをとてもありがたがり、各地にお寺ができ、仏の教えを取り入れた法律までつくられました。ワタシの死後は、僧の力が強まり、政治にまで口を出すようになったようですが…。

794年
《平安時代》
桓武天皇が平安京に都をうつし、平安時代がはじまる

805年
最澄が唐から日本にもどり、のちに天台宗をひらく

806年
空海が唐から日本にもどり、のちに真言宗をひらく

このころ、天皇のあとつぎをめぐって朝廷で争いが続くなか、藤原氏が天皇家との結びつきを強めて、力をつける

このころ、ひらがなとカタカナという「かな文字」が使われるようになる

800年代後半
日本でもっとも古い物語といわれる「竹取物語」が書かれる。かぐやひめのお話で有名

935～941年
地方の武士による朝廷への反乱「平将門の乱」「藤原純友の乱」が起こる

1001年ごろ
清少納言が随筆「枕草子」を書く

武士があらわれる！

このころ地方で力をもっていた豪族は、朝廷からきた役人やほかの豪族から自分の土地を守るため、弓矢などの武器を持ち、武芸をみがくようになりました。こうして「武士」が生まれ、やがて都の貴族たちのボディーガードとしての役目もになうようになりました。

漢字から生まれた「かな文字」

ひらがな（平がな）とカタカナ（片かな）は、どちらも漢字をもとにしてつくられました。ひらがなは漢字の形をかんたんにしたもの、カタカナは漢字の形の一部をとってくずしたものがもとになっています。おもに貴族の女性のあいだで広まりました。

貴族の家にはトイレがない！？

平安時代の貴族のやしきには、トイレがありませんでした。貴族は用を足したくなると、身のまわりの世話をする女性にすなをしいた箱を持ってこさせ、びょうぶのかげなどで、その箱の中に用を足しました。そう、貴族たちは今でいう「おまる」を使っていたのです。

1010年ごろ　紫式部が長編小説「源氏物語」を書く

1016年　藤原道長が摂政となり、政治の実権をにぎる

1086年　白河天皇がむすこに位をゆずって上皇となり、おさない天皇に代わって政治を行う「院政」をはじめる

1156年　後白河天皇と兄の崇徳上皇の対立に、源氏や平氏の武士が加わって戦った「保元の乱」が起こる

1159年　平清盛と源義朝のあいだで「平治の乱」が起こる。清盛が勝利して義朝は殺され、義朝の子、頼朝は伊豆に流される

1167年　平清盛が朝廷の最高の地位である太政大臣になり、政治の実権をにぎる

1185年　源頼朝ひきいる源氏が平氏をほろぼす
頼朝が全国に「守護」と「地頭」という役人をおき、支配を広げる

平氏VS源氏！　最終決戦 in 壇ノ浦

「平家でなければ人ではない」といわれるほど強い力をもっていた、平清盛ひきいる平氏と、それをたおそうとする源頼朝ひきいる源氏。かれらの最終決戦が1185年、今の山口県で起きた「壇ノ浦の戦い」です。平氏軍は負け続けていましたが、最後の力をふりしぼり、壇ノ浦で得意な海上戦にいどみます。はじめは勝っていましたが、しおの流れが変わると平氏の武将たちは追いつめられて、つぎつぎと海に身を投げ、平氏は完全にほろんだのでした。

子どもはなにをして遊んでいたの？

鎌倉時代の子どもは、竹馬やこま回しのほか、長いぼうでホッケーのようにまりを打ち合う「ぎっちょう」などの遊びをしていました。ほかにも、小さな弓矢をうったり、へびをつかまえたりしていたようです。学校に通えるのは貴族の子どもだけで、ほとんどの子は家の手伝いをしていました。

《鎌倉時代》

1192年 頼朝が征夷大将軍となる

1203年 北条時政が将軍を助けて政治を行う「執権」という地位につく

1221年 政権を朝廷に取りもどそうと考えた後鳥羽上皇と、北条義時ひきいる鎌倉幕府との争い「承久の乱」が起こり、幕府側が勝利する

一日三回食事をとるしゅうかんが広がる。それまでは、朝と夕方の二食がふつうだった

1274・1281年 元という国が二度も日本にせめてくる「元寇」が起こる

1333年 後醍醐天皇に味方した足利尊氏が、京都にある幕府の役所「六波羅探題」をせめおとす。また新田義貞が鎌倉をせめて幕府軍をやぶり、鎌倉幕府がほろびる

「執権政治」のはじまり

源頼朝の死後に将軍となったむすこの頼家は、自分勝手に政治を行おうとして、幕府の役人たちと対立しました。そこで頼家の母の北条政子や、政子の父の北条時政は、頼家から将軍の実権を取り上げ、役人の代表との話し合いで政治を行うようにしました。時政は執権という役につき、北条氏による「執権政治」がはじまりました。

「元寇」ってなに？

元は、今のモンゴルを中心に中国、ロシアあたりまでを広く支配していた国です。自分たちにしたがうよう、日本に何度も求めてきましたが、幕府が返事をしなかったため、日本にせめてきました。これが「元寇」です。当時最強とよばれた元の軍隊でしたが、日本のこうげきと、はげしいあらしで大きなダメージを受け、引きあげていきました。

第2章

いちばんをめざせ！戦国時代のすごい人

最強のおぼっちゃま将軍！

足利義満

1358年～1408年

足利尊氏の孫で、室町幕府3代将軍。各地の有力守護大名の力をおさえ、北朝と南朝に分かれていた朝廷をひとつにまとめるなど、幕府の権力を確立させ、最盛期をきずいた。

おじいさんやおばあさんから、昔から伝わるものなど、なにかだいじなものをもらったことはありますか？　ここでしょうかいするのは、「幕府」という、とてつもなくデカイものをおじいさんから受けついだ、おぼっちゃま将軍です。

今から680年ほど前、足利尊氏という武将が新たに幕府をひらきました。

土岐康行をたおす！

中部地方の3か国をおさめていた土岐康行。義満は、康行が土地をめぐって兄弟でけんかをするようにしむけ、そのすきに軍隊を送ってせめ、守護の地位を取り上げました。

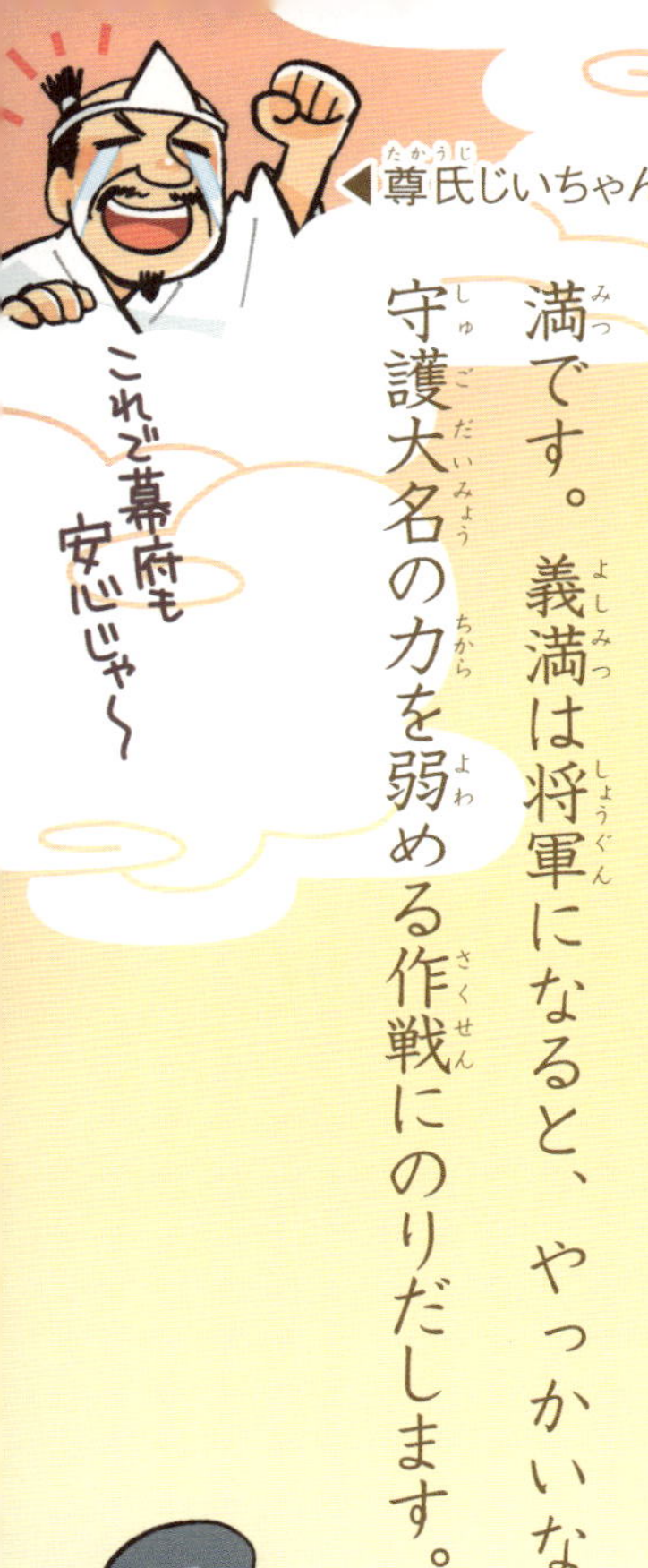

しかし当時は、地方の国をおさめていた守護が力をつけて守護大名となり、好き勝手をしていた時代。そのため、新しい幕府はなかなか国をまとめられませんでした。

そこで登場したのが、尊氏の孫の足利義満です。義満は将軍になると、やっかいな守護大名の力を弱める作戦にのりだします。

DOWN…

大内義弘をほろぼす！

大内義弘は、かつて義満を助けて、中国地方の6か国の守護大名となった人物。しかし義弘がさらに力をつけると、義満は不安に思うようになり、義弘にいやがらせをして反乱を起こさせ、ほろぼしてしまいました。

山名一族をやぶる！

山名氏の一族は、全国66か国のうち11か国の守護をつとめ、「六分一殿」とよばれていました。義満は山名氏一族のあいだに争いが起きるとそれにわりこみ、山名氏がおさめる国を3か国にへらしました。

義満をなやませていた問題は、ほかにもありました。

義満のおじいさんである尊氏が幕府をひらくとき、天皇中心の国をめざす後醍醐天皇と対立し、京都から追い出してしまいました。そして、別の血すじの天皇を立てて幕府をささえてもらったため、それ以来、天皇がふたり、天皇が政治を行う朝廷が2か所あるという、おかしなじょうたいになっていたのです。

尊氏が支持した京都の朝廷を「北朝」、後醍醐天皇が吉野で新たにひらいた朝廷を「南朝」といいます。ふたつの朝廷の争いは各地の守護大名をもまきこんで、57年も続いていました。

◀義満

義満は南朝側と話し合い、正しい天皇のあかしである「三種の神器」というたからを南朝の天皇から北朝の天皇にわたすこと、北朝側と南朝側が交代で天皇になることなどをじょうけんに、朝廷をひとつにまとめたのです。

おおっ
わしの起こした問題を
よくぞ かいけつして
くれた!

義満はやっかいな守護大名をつぎつぎとたおし、幕府の力を強くしました。さらに武士でありながら、朝廷で最高の地位「太政大臣」にまで出世します。守護大名と朝廷、両方をおさえた義満は、京都の室町という場所に「花の御所」とよばれるごうかなやしきを建てて、そこで政治を行いました。このため、尊氏がつくり、義満が大きくりっぱに育てた幕府は、のちに「室町幕府」とよばれるようになったのです。

和歌を好み、文化にきょうみをもっていた義満は、京都の北山に、かべをキラキラの金ぱくでおおったお寺を建てました。この「金閣寺」を代表に、義満の時代には、はなやかな新しい文化が生まれました。この文化は貴族、武士、そして仏教のひとつである「禅」という3つのとくちょうを取り入れたもので、金閣寺のある場所から「北山文化」とよばれています。

きみへのメッセージ

みなは、わしが苦労せずに将軍になった〝おぼっちゃま〟だと思っているだろう。しかし、努力もせずに力を得たり、国をまとめたりすることはできんのだ。わしのことを「強者にはきびしい」などという者もおるが、弱者には甘く、いう者もおるが、だいじなものを守るためなら、ときにはまわりからどう見られてもかまわず、目的を果たすことも大切なのだ。

足利義満

戦国武将大図鑑

めざせ天下！　栄えよ、わが一族！
それが武将の生きる道

室町幕府の8代将軍・足利義政のころに起きた応仁の乱をきっかけに、幕府の力はおとろえます。地方では、守護大名やその家来たちが、どんどん力をつけて支配地を争い、下の者が上の者に取って代わる「下剋上」も当たり前になりました。こうして、戦国時代が幕を開けたのです。

強者たち!!

伊達晴宗
1519年～1578年

国の方針をめぐり父と対立し、東北地方のほかの大名までまきこんだ争いに勝利。伊達氏が力を広げるきっかけをつくりました。のちに伊達氏は、孫の政宗の時代に黄金期をむかえます。

伊達政宗 ◀70ページ

上杉謙信 ▼65ページ

武田信玄 ▼64ページ

北条氏康
1515年～1571年

北条早雲の孫。8千の兵で8万のてきをやぶり、武田信玄や上杉謙信とも対等に戦って、関東8か国をおさめました。農民の負担をへらすなど、よい政治を行いました。

最初の戦国大名！

北条早雲は、幕府につかえる役人でした。しかし応仁の乱のあと伊豆国へせめ入り、自分のものにしてしまいます。ただの役人が、国の支配者にまでのぼりつめる。そんなことをなしとげたのは、かれが最初でした。つまり北条早雲こそが、最初の戦国大名なのです。

戦国時代のはじめ

日本各地で戦った

斎藤義龍

1527年～1561年

斎藤道三の子。父・道三は「美濃のマムシ」とおそれられ、低い身分出身ながら領主を追い出して美濃国をのっとりました。その父をたおして領主になったのが義龍。織田信長から国を守るなど、活やくします。

尼子晴久

1514年～1561年

出雲国など8か国を支配しました。大内氏と争い、やがて毛利元就が大内氏をほろぼすと、今度は元就ともはげしく対立するようになります。しかし、晴久は元就のこうげきをしりぞけ、領地を守りました。

朝倉義景

1533年～1573年

朝倉氏は平安時代から続く名門で、主人の越前国守護をたおし、約100年間支配しました。浅井長政と組み、信長をはさみうちにするチャンスを得ますが、せめられず、信長にほろぼされました。

大友義鎮（宗麟）

1530年～1587年

一時は、九州の6か国に力を広げましたが、龍造寺氏や島津氏にやぶれ、豊臣秀吉に助けを求めて、豊後国一国の領主にとどまりました。キリスト教に入信した「キリシタン大名」としても有名です。

▲毛利元就 66ページ
織田信長▶ 72ページ
徳川家康▲ 98ページ
▲長宗我部元親 69ページ
▲島津義久 68ページ

今川義元

1519年～1560年

今川氏は将軍家足利氏の親せき。義元は国のすぐれた支配者で、都の貴族文化にもくわしい武将でしたが、織田信長にやぶれ戦死。その後、今川氏の力も弱まり、ほろびました。

浅井長政

1545年～1573年

わずか15才で当時の領主だった六角氏の軍をやぶり、16才で浅井家の当主となりました。織田信長の妹・お市の方とけっこんしますが、のちに信長と対立し、ほろぼされました。

島津貴久

1514年～1571年

島津義久ら4兄弟の父。今の沖縄県にあった琉球王国と貿易をし、薩摩国をひとつにまとめました。

5度も戦った、戦国最大のライバルどうし

武田信玄と上杉謙信は、長年争ったライバルどうし。信濃国を完全に手に入れたい信玄と、信濃国の小領主に助けを求められた謙信が戦った「川中島の戦い」は有名です。11年間で5回もぶつかり合いましたが、結局、5回とも引き分けでした。

甲斐の虎

旗印の意味は「はやきこと風のごとく、しずかなること林のごとく、侵略すること火のごとく、動かざること山のごとし」。信玄はこの言葉をいつも頭におき、戦にのぞんだといわれます。

疾如風徐如林侵掠如火不動如山

武田信玄（晴信）

1521年～1573年

守護をつとめる甲斐国から、信濃国、駿河国、上野国の一部まで領土を広げ、支配した戦国大名。各地の小領主たちをまとめて強力な軍をつくり、織田信長をはじめ多くの大名からおそれられました。その一方、人を公平にさばく決まりを定めたり、よくはんらんを起こす川にていぼうをつくるなど、領民思いの領主でもありました。

越後の龍 VS

じつは、みとめあっていたふたり

信玄はその死の間ぎわ、むすこの勝頼に「謙信をたよるように」と遺言を残したといわれています。また謙信も信玄の死を聞いて「良きライバルを失った…」と悲しみました。家来が「信玄の領地にせめこむチャンスでは?」と意見をのべましたが、謙信は聞き入れませんでした。

自ら、戦いの神「毘沙門天」の生まれ変わりと名のっていた謙信。旗印も、毘沙門天の最初の一文字をとって「毘」としていました。

上杉謙信（長尾景虎）
1530年～1578年

負け知らずの戦の天才といわれた、越後国の戦国大名。進んで自分の領地を広げようとはせず、人に助けを求められて出陣し、戦うことがほとんどでした。また、曲がったことやひきょうなことがきらいで、武田信玄の国が塩不足でこまっていると、弱みにつけこまず塩を送らせたといいます。（※）

※ここから、てきの弱みにつけこまず、その苦境から救うという意味の「てきに塩を送る」という言葉が生まれました。

頭で勝つ！　中国地方の支配者はマイホームパパ!?

毛利元就は、もとは今の広島県の西半分・安芸国の小領主でした。しかし、苦労を重ねて中国地方10か国をおさめる大名となります。その強さのひみつは、たくみな作戦と家族のきずなにありました。

てきの軍は3万、こちらは5千です！　このままでは勝てません～！

ブツブツ

ブツブツ

ふむ、それならてきの武将のひとりが反乱を起こそうとしているというデマを流し、混乱させてはどうだろう。

デマ

大ニュース!!

えー!?

毛利元就

1497年～1571年

元就の領地があった安芸国は、大内氏、尼子氏という有力大名ふたりにはさまれ、両者が争う戦場となっていました。元就はふたりのあいだでうまく立ち回りながら、むすこを養子に出すなどして力をのばしていきました。やがて安芸国をまとめ、さらに大内氏や尼子氏をたおすまでに成長。中国地方10か国を支配することに成功したのです。

その武将の書く文字とそっくりの文字で書かれた手紙を用意するのだ。そして、大軍の欠点は…動きがとりにくいこと。小さな島にさそいこんで夜中にこうげきすれば、勝てるかもしれない。瀬戸内海で力をもっている「村上水軍」を味方につければカンペキだ！（ブツブツ）

戦国一の戦略家ここにあり！

「はかりごと多きは勝ち、少なきは負け」という言葉を残した元就。しっかりと計画を立てて、作戦を練れば練るほど勝てるという考えをもっていました。ニセのじょうほうでてきをまよわせたり、てきの武将を味方に引き入れたりするなど、知恵をはたらかせ、きびしい戦も勝ちぬきました。てきとのちょくせつ対決だけが戦ではないことをよくわかっていたからこそ、元就は中国地方全体を支配するほどの大名になれたのです。

大切なのは人とのつながり

元就は、長男の隆元、有力者の養子にした次男の吉川元春と三男の小早川隆景という3人のむすこに、「兄弟仲良く力を合わせ、毛利家を守れ」とくり返し言い聞かせたといわれます。親兄弟と戦うのも当たり前だった時代に、家がバラバラになってからも家族のつながりを大切にしたのです。家来や味方の有力者にも気づかいをわすれず、酒の飲みすぎを心配するなど、やさしく、まじめな性格でした。

九州最強4兄弟のお兄ちゃん！

戦国時代の名兄弟といえば、九州の3か国統一を果たした島津義久を長男とする、島津4兄弟です。兄弟はかたいきずなを武器に、九州全土の統一をめざしました。

4兄弟のかたいきずな

島津家の4兄弟は、長男の義久を、弟たちが役わりを分けながらささえていました。そんな島津家のきずなの強さをおそれた豊臣秀吉は、義久に薩摩国、義弘に大隅国をべつべつにあたえて兄弟の仲を切りはなそうとしました。しかし、兄弟は争うことなく、島津家を守り続けました。

武術にすぐれ、軍をひきいた！
次男・義弘
知恵をはたらかせ、戦のじゅんびを整えた！
三男・歳久
冷静に作戦を立て、大勝した！
四男・家久

島津義久

1533年～1611年

今の鹿児島県の西半分「薩摩国」を統一した島津貴久の長男で、父と3人の弟たちとともに大隅国、日向国も統一。九州で大きな力をもっていた大友宗麟もやぶって九州一の大名となります。その後は九州統一にのりだしますが、天下人・豊臣秀吉と対立。島津家も終わりかというピンチをむかえますが、なんとか薩摩国と大隅国を守りぬきました。

農兵とともに四国統一！

最新のそうびで身を固め、いつでも戦える常備軍をそろえる大名が多かった時代に、ふだんは農民で、戦のときだけ兵として戦う「半農半兵」の軍で四国を統一した大名がいました。

わかいころは「姫若子」とよばれるほど色白で、おとなしい性格でしたが、はじめての戦で勇ましい活やくを見せ、「鬼若子」とよび名が変わります。背が高い美男子だったようです。

長宗我部元親
1539年～1599年

もとは今の高知県にあった「土佐国」の小領主でしたが、どんどん支配地を広げ、37才で土佐国を統一。さらに四国の統一にのりだし、これもなしとげます。しかし豊臣秀吉の力の前にはかなわず、土佐国一国の領主にもどりました。

元親の半農半兵軍は、農作業で体をきたえていたため体力があり、団結力も高かったといわれます。

ゆたかで安全なくらしのため…

元親が最初に統一した土佐国は、けわしい山地が多く、田畑が少なかったため、元親は「家来に見合うほうびをあたえ、安全にくらすには、土佐一国では不十分」と考え、四国の統一にのりだしました。身分に関係なく人の意見をよく聞く、心の広い領主でした。

はでなこと大好き！ 世わたり上手な「独眼竜」！

豊臣秀吉による天下統一の直前、東北地方で力をのばしていた大名がいました。伊達政宗です。チャンスさえあれば領地を広げようと動き、ピンチになっても、持ち前のどきょうとパフォーマンス力でのりきってしまう！ そんな戦国一の世わたり上手、伊達政宗の伝説をいくつかしょうかいします。

伊達政宗
1567年～1636年

陸奥国南部から出羽国南部にかけて支配した領主。子どものころの病気で右の目が見えなかったため、ひとつの目の竜という意味で「独眼竜」ともよばれています。18才で父のあとをつぐと、周辺の大名をつぎつぎとやぶって領土を広げ、24才のわかさで東北地方南部の多くを支配します。しかし、天下人の豊臣秀吉にはさからえず、その後は秀吉と徳川家康にしたがいながら領地を守りました。

わたしの命、あずけます…

秀吉が「戦いをやめろ」と命令しても、政宗は知らんぷり。さらに、北条氏をせめるときにも大ちこくをし、秀吉をカンカンにおこらせてしまいます。そこで政宗は、死者に着せる真っ白な着物を着て秀吉に会いに行きます。政宗は「自分は死ぬかくごができている。あなたに命をあずけます」と秀吉にしめし、ゆるされました。

おれたち、かっこいい!?

秀吉の命令で朝鮮へ出兵するとき、政宗は自分の軍の兵士にごうかな武具を身につけさせ、はでないでたちで行進させて、人びとの注目をあびました。人目をひく、おしゃれな男の人を「伊達男」といいますが、この行進がその由来という説もあります。

今度は、十字架も持ってきました…

秀吉に国をうばわれた大名や昔の家来たちが反乱を起こすと、政宗はそれを助け、うらからあやつろうとします。ところが、これが秀吉にバレて、さあたいへん！ 取り調べのためよびだされた政宗は、ふたたび白い着物を着て、今度は金ぱくでかざった十字架までせおって、秀吉の前にあらわれたといわれています。

どさくさにまぎれて領地拡大!?

秀吉の時代に領地を失った和賀氏は、政宗のもとに身をよせていました。そこで政宗は、関ヶ原の戦いが行われているすきに、和賀氏にかつての領地をおさめている南部氏をせめさせました。そうして政宗は自分の領地をこっそり広げようとしたのですが、結局、失敗に終わりました。

世界をまきこみ、天下をねらう!?

独眼竜のするどい目は、海外にも向けられていました。政宗は大きな船をつくり、家来の支倉常長らをヨーロッパに送って、伊達氏だけで外国と貿易を行おうとしたのです。キリスト教を信じるヨーロッパの国とつながることで、当時日本にいたキリスト教徒たちと手を組み、徳川幕府に対抗しようとしたという説もあります。

天下統一をめざした最強の戦国武将

織田信長

1534年〜1582年

室町時代に生まれ、最大で関東の一部から中部・近畿・中国地方の一部までを支配した戦国武将。桶狭間の戦い、長篠の戦いなど、多くの戦に勝利し、天下統一をめざした。

今の日本は、戦争のない平和な国ですが、今から４５０年ほど前は、武将たちの争いのたえない「戦国時代」でした。織田信長は、この戦国時代を終わらせ、日本をひとつにまとめる、天下統一をめざした武将です。

信長は、今の愛知県の西半分にあった尾張国の織田家の長男として生まれましたが、子どものころはおかしな行動が多く、家来たちからは「大うつけ（ばか者）」とよばれ、しょうらいを心配されていました。

信長は、女の人用のはでな着物や、動物の皮を着たり、こしになわをまいてひょうたんをぶらさげたりと、いつも変わったかっこうで町を歩き回っていました。

室町幕府の力がおとろえた戦国時代に、全国各地で力をもち、支配地を広げようと戦った人びとを「戦国武将」といいます。
V
S
しかし信長は、身分の低い人とも仲良くなって、ともに戦う仲間をふやすために、あえてそうしていたのです。子どものころから、天下統一をゆめ見ていたからこそのふるまいでした。
おやまあ
ぼっちゃま…
織田信長
しかし悲しいできごともありました。信長の世話係だったじいやが、信長の勝手な行動のせきにんを負い、自ら命をたったのです。信長はとても悲しみ、それ以来、うつけのかっこうをやめました。

おとなになった信長は、天下統一をめざして、ライバルの戦国武将をつぎつぎとたおしていきました。信長は戦の天才だったのです。

まるで日本地図に色をぬるように、信長の領地はどんどん広がり、やがて信長に勝てる武将はいなくなりました。

天下統一ぬり絵MAP

桶狭間の戦い　1560年

信長は26才のとき、尾張国のとなりに領地をもつ今川義元との戦いにいどみました。義元は室町幕府との関係も深い、力のある武将でしたが、信長はすきをうまくついて大勝利をおさめます。これを見た周囲の武将たちは、信長の成長ぶりにおどろきました。

長篠の戦い　1575年

信長の強さのヒミツは、西洋から伝わった鉄砲をいち早く取り入れ、たくさん使っていたことです。この戦いでは、戦国最強といわれていた武田軍を、鉄砲をうまく利用した戦い方でおさえこみ、大勝利をおさめます。

1573
1568
1560
1572
姉川の戦い　1570年
信長をたおそうとする武将は多く、この戦いで争った朝倉義景と浅井長政も、そうでした。朝倉・浅井の連合軍に信長は苦戦しますが、同盟を結んでいた徳川家康の協力もあり、なんとか勝利します。信長は、こうしたピンチを何度ものりこえていきます。

しかし、そんな天下統一に向けてつき進んでいた信長を、悲げきがおそいます。信らいしていた家来のひとり、明智光秀にうら切られたのです。

今でも、光秀のうら切りの理由はわかっていませんが、光秀は自分のゆめのために他人をぎせいにする信長に、ぎもんを感じていたのかもしれません。

光秀は、信長が休んでいた本能寺を大軍でせめました。

信長も必死に戦いますが、光秀軍の数の多さに負けてしまいます。追いつめられた信長は、もえさかるほのおのなかで好きだった舞をおどったあと、自ら命をたちました。

こうして、天下統一まであと一歩のところで、信長はとつぜんこの世を去ったのです。

きみへのメッセージ

わしの生きた時代、「人生は50年」といわれていた。わしも48年という短い人生のなかで、天下統一をめざし、ひたすらにつき進んできた。まさか、光秀にうら切られるとは思わなかったが、それもまた人生。なにが起ころうとも、最後のいっしゅんまで、こうかいのないように生きることが大切だぞ。

織田信長

「日本一の出世人」とよばれたサル？

豊臣秀吉

1537年～1598年

農民の子として生まれるが、織田信長の家来となって力をのばし、やがて天下統一をなしとげた戦国武将。大坂城をきずき、関白・太政大臣となった。

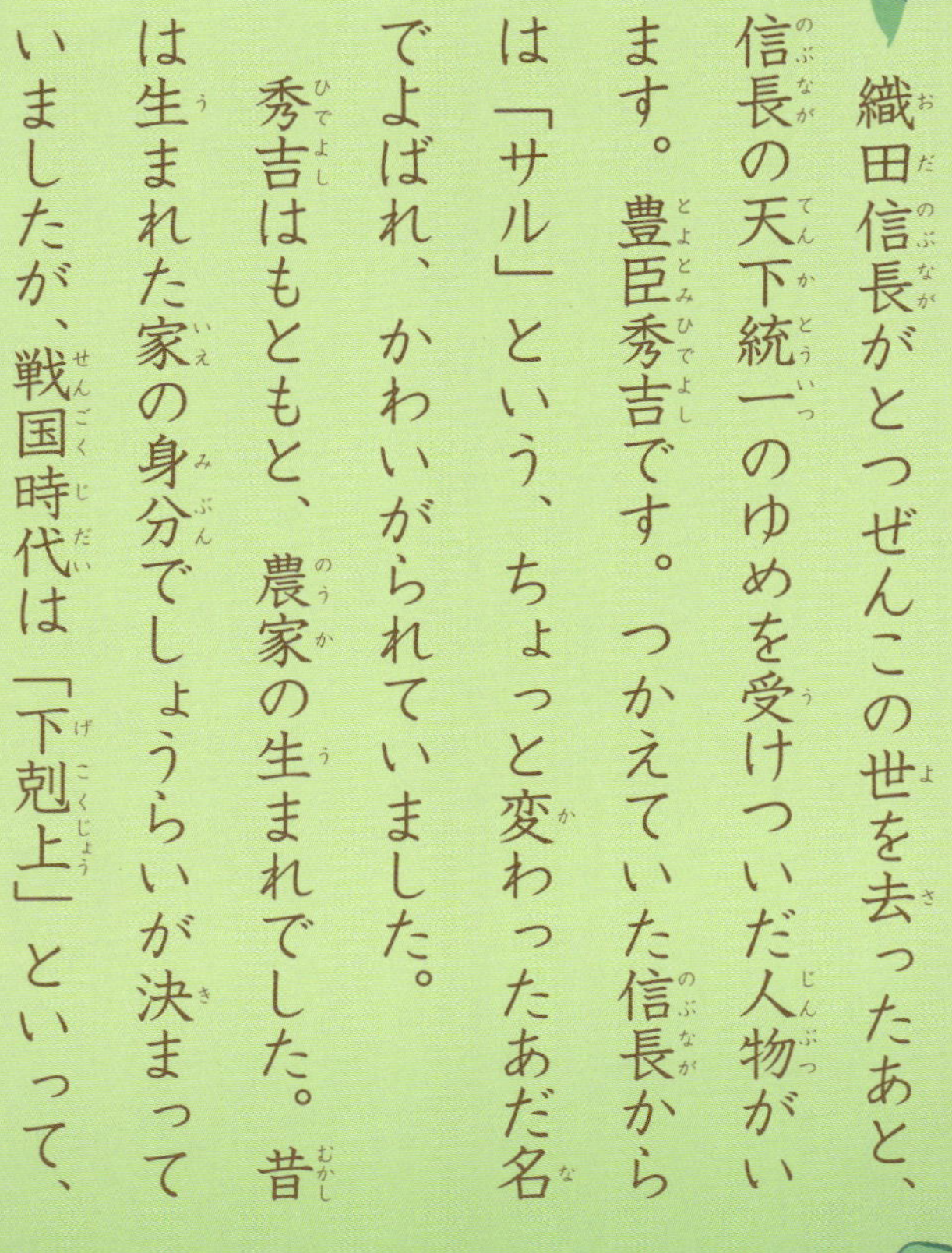

織田信長がとつぜんこの世を去ったあと、信長の天下統一のゆめを受けついだ人物がいます。豊臣秀吉です。つかえていた信長からは「サル」という、ちょっと変わったあだ名でよばれ、かわいがられていました。

秀吉はもともと、農家の生まれでした。昔は生まれた家の身分でしょうらいが決まっていましたが、戦国時代は「下剋上」といって、

身分の低い人が身分の高い人を実力でたおすチャンスがありました。農民から天下人までのぼりつめた秀吉は、この下剋上をなしとげた代表的な人物です。

身分の低さに負けず、さまざまな努力を重ねて信長のような戦国武将になることをめざした秀吉。そんな秀吉が、どのように出世していったのか、見ていきましょう。

昔は農業のぎじゅつが低く、こくもつがとれない年はうえて死ぬこともありました。秀吉は、そんなまずしい村に農民の子どもとして生まれたのです。

木下藤吉郎

農民から信長の家来へ

もともと木下藤吉郎と名のっていた秀吉は、信長の家来となり、ざつよう係を命じられます。小さな仕事でしたが、秀吉は信長のためにいっしょうけんめいつかえました。

ある寒い日、秀吉は信長がぞうりをはくときに、冷たいといけないと思い、ふところでぞうりをあたためてからさしだしました。信長はこの秀吉の行動に感心し、それから秀吉のことを気にかけるようになります。

木下藤吉郎秀吉

戦いに出て仲間をふやす

秀吉は信長にかわいがられ、戦いに出ることをゆるされました。まだまだ下っぱの武士でしたが、秀吉という新しい名前をつけました。昔の人は、成長したり身分が高くなったりすると名前を変えたのです。

あぶない役目も自分から進んで引き受け、信長の家来たちから信らいされるようになった秀吉は、気さくで明るい性格もあり、多くの人から好かれました。

豊臣秀吉

ついに天下を統一！

信長の死を知った秀吉は、すぐに光秀をたおし、信長のこころざしをつぎます。そして四国、九州、東北地方の武将をしたがえ、天下統一をなしとげました。

その後「関白」という天皇を助けて政治を行う地位にもつき、全国の戦国武将をしたがえる立場になりました。農民の子として生まれた秀吉にとっては、まさにゆめのようなできごとだったでしょう。さらに天皇から「豊臣」という姓をさずけられ、豊臣秀吉と名のるようになります。

羽柴藤吉郎秀吉

信長から城をもらう

秀吉は、なによりアイデアマンでした。一夜で城をつくってしまうなど、信長をもおどろかせる作戦をいくつも考えつき、信長からほうびをもらいました。そして、ついに今の滋賀県にあった長浜城という城をもらうと、羽柴と姓を変え、さらに信長のためにがんばることを決意します。しかし、信長は明智光秀のうら切りにより、とつぜんこの世を去ってしまいます。

日本一の出世を果たした秀吉は、争いをなくすために農民から刀を取り上げる「刀狩」や、田んぼの大きさを正しくはかる「太閤検地」などを全国で行いました。

しかし秀吉は、日本一えらくなったことで、地位や権力にしがみつくようになります。わかいころの明るく、だれからも好かれる性格ではなくなってしまったのです。

茶の湯の先生だった千利休に切腹を命じたり、実の子どもの秀頼が生まれたために養子を殺してしまったり、朝鮮に兵を送ったりして、多くの人の反感を買いました。

　こうして家来たちの心は少しずつ秀吉からはなれていき、豊臣家のしょうらいに大きな不安を残したまま、秀吉は62才で死んでしまいました。

きみへのメッセージ

わしはわかいころ、友だちをつくることが得意じゃった！　身分が低くても、みんながわしに力をかしてくれた。だから、天下統一という大きなゆめをなしとげることができたのじゃ。しかし、年老いてからは人の心を思いやることをわすれてしまった…。きみたちは、どんなときも変わらずに、友だちを大切にするのだぞ。

豊臣秀吉

千利休

お茶で日本の美しさをつきつめた男

1522年〜1591年

戦国時代に活やくした商人で茶人。「わび茶」を完成させて、茶道のもとをつくった。織田信長、豊臣秀吉につかえ、多くの茶会を取りしきったが、秀吉時代には側近として政治にも大きくかかわったといわれている。

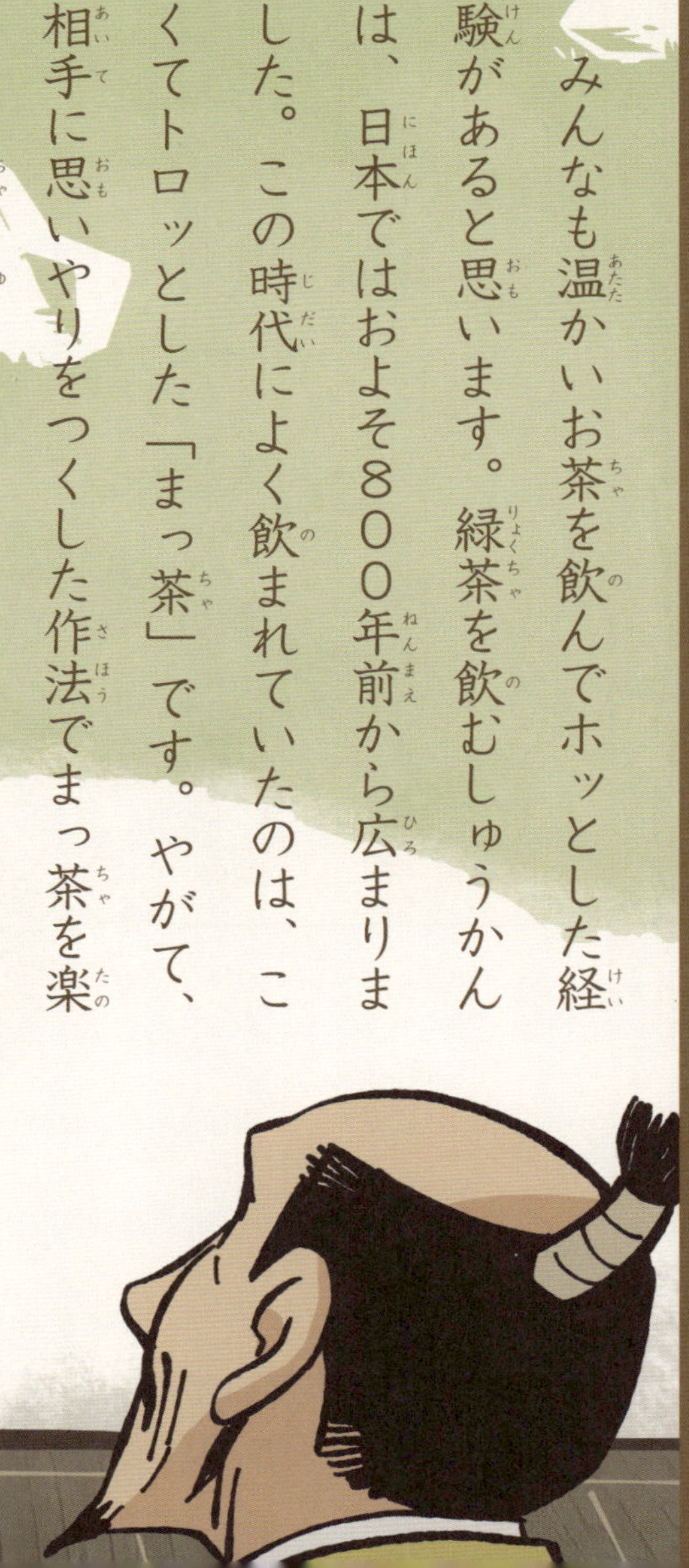

みんなも温かいお茶を飲んでホッとした経験があると思います。緑茶を飲むしゅうかんは、日本ではおよそ８００年前から広まりました。この時代によく飲まれていたのは、こくてトロッとした「まっ茶」です。やがて、相手に思いやりをつくした作法でまっ茶を楽しむ「茶の湯」がはじまりました。これをきわめたのが、千利休です。

利休は、今の大阪府堺市にある商人の家に生まれました。17才から茶の湯にくわしい人に弟子入りして学び、やがて「わび茶」という茶の湯のひとつの形を完成させました。

わび茶がどういうものなのかがよくわかる、こんな話があります。

茶の湯にくわしいとみとめられた利休は、織田信長につかえ、信長の死後は豊臣秀吉につかえて、茶会を取りしきるようになっていました。

そんなある日、秀吉は利休にたのみました。

「おぬしの家に、みごとな朝顔がたくさんさいたそうだな。それを見ながら茶の湯をしたいぞ」

しかし秀吉が利休の家へ出向くと、なんと朝顔の花がすべて切り取られています！　がっかりした秀吉が茶室に入り、見たものは…。

利休が完成させた「わび茶」とは、はなやかさやかたくるしい形式を大切にするのではなく、よけいなものをなくした「つつましさ」を大切にした茶の湯。

花入れにただ一輪、生けられた朝顔の花。たくさんの花の中から選んだ最高の一輪を見せることで、利休は朝顔の花そのものの美しさをしめしたのです。秀吉は、利休の「美」に対する考え方に、深く感心したといいます。

目に見える美しさではなく、心で感じる美しさや満足感を求めたのです。そのため、利休はねだんの安い茶道具をあえて使ったり、理想に合うちゃわんを自分でつくったりしました。

また利休は、たたみ2じょうほどの広さしかない茶室の小屋もつくりました。やしきから切りはなされた、主人とお客ふたりだけの空間で、おたがいの心が深くつながるようにしたのです。

一方、信長や秀吉が求めていた茶の湯は、まったくちがうものでした。
信長はねだんの高い茶道具をいくつも集め、茶会でそれらを見せつけました。また、秀吉はすべてを黄金でかざった茶室をつくったり、町人や農民まで集めた大茶会を開いた

利休切腹のなぞ

なぜ秀吉は利休を切腹させたのか。その理由には、いくつか説があります。

説・一

利休が、大徳寺というお寺の門の2階に自分の像をおいて、その下を秀吉にくぐらせたため、「わしに自分の足の下を通らせるとは、無礼だ！」と秀吉のいかりを買った。

説・二

利休は黒という、いちばん地味な色を好んだが、金色などのはでな色を好む秀吉は、黒が大きらい。こうした茶の湯についての考え方のちがいから、仲が悪くなった。

説・三

利休が、かざり気のない安い茶道具を高いねだんで売ってもうけたので、秀吉がおこった。

りしました。信長や秀吉にとって、茶の湯は自分の力の大きさをしめすための、ひとつのしゅだんだったのです。

それでも、信長や秀吉につかえていた利休は、かれらに協力しました。しかし、ある日とつぜん、利休は秀吉のいかりを買い、切腹を命じられてしまいます。

利休が死んで400年以上たった今でも、利休のわび茶をもとにした茶道の文化は続いています。利休は、「わびさび」という新しい美の形を、日本に残したのです。

説・四

秀吉が利休のむすめを気に入って、そばにおきたいと望んだところ、利休がそれをことわったため、秀吉のきげんをそこねた。

きみへのメッセージ

茶室では、もてなす側も客の側も「これは一生に一度の出会いかもしれない」というかくごで、しんけんに向き合います。これを「一期一会」といいます。みなさんも、友だちや身のまわりの人とすごすひとときを大切に、つねに一期一会の気持ちでつきあうようにしてはいかがでしょうか?

千利休

戦国文化絵巻 ―室町・安土桃山の文化人―

室町時代には、はなやかで力強い「北山文化」が栄えたあと、かざり気のないもののなかに美しさを求める「東山文化」が生まれます。そして、天下統一後は、「桃山文化」というきらびやかな文化が、またさかんになりました。

狩野永徳
1543年～1590年

室町時代、武士や貴族たちのあいだで、やしきのかべやふすまに絵をかかせることがはやっていました。そこで活やくしたのが、日本一の画家一族といわれる「狩野派」です。なかでも、狩野永徳は天才とよばれ、織田信長や豊臣秀吉などにつかえました。画面から飛び出してきそうなほど力強い絵が有名です。

世阿弥
1363年～1443?年

室町時代、お祭りなどで、おどりながら物語をえんじる「猿楽」という出し物がありました。ものまねなどで人を笑わせる内容が中心でしたが、世阿弥はこの猿楽に、美しい音楽に合わせて静かにおどる演出を取り入れ、新しい猿楽を完成させました。父の観阿弥とともに、新しい猿楽を完成させました。この世阿弥の猿楽が、今の「能」のもととなっています。

宮内庁三の丸尚蔵館　所蔵

雪舟「秋冬山水図」東京国立博物館　所蔵　Image: TNM Image Archives

雪舟

1420?年～1502?年

真っ黒な墨だけでかく絵「水墨画」。雪舟は、本場の中国にわたって水墨画を学びますが、わずか2年で自分のものにしてしまい、その実力が広くみとめられるようになります。帰国後は、見る者にせまってくるような、すばらしい作品を数多く残しました。中国のまねではない、日本ならではの新しい水墨画をつくりあげたのです。

室町時代〜安土桃山時代ってこんな時代！

室町時代は、鎌倉幕府をたおすのに活やくした足利氏が、新しい幕府をひらいた時代です。しかし、その幕府の力は弱く、各地の力のある大名や武士が、自分の支配地を広げるために勝手に争う、戦乱の時代となりました。やがて、それらの大名の中から、全国をひとつにまとめる「天下統一」をめざす武将があらわれるようになります。

1333年
後醍醐天皇が武士に代わり、ふたたび天皇が自ら行う政治をめざす

1336年
《室町時代》
足利尊氏が室町幕府をひらく
朝廷が南朝と北朝のふたつに分かれる

1368年
足利義満が３代目の将軍になる

1392年
南朝と北朝がひとつになる

1398年
足利義満が金閣寺を建てる

1429年
今の沖縄県に「琉球王国」がたんじょうし、１８７９年まで４５０年間続く

戦国時代の幕開け「応仁の乱」

将軍足利家のあととり問題などがもとになり、細川勝元と山名宗全を中心とした守護大名が東軍と西軍に分かれて、はげしく争いました。１０年間続いた戦いで京都はあれはて、室町幕府や守護大名の力は低下。これをきっかけに、戦国時代の幕が開くことになりました。

おとなへの階段「元服」

奈良時代から江戸時代まで、男子は元服という成人のぎ式を行いました。かみがたを変えて烏帽子というかぶりものをかぶり、名前も変わります。今の成人式は20才ですが、当時、元服をしたのは11～17才。戦国時代では、元服をするとすぐに戦場に出ました。中学生くらいの年で戦うなんて、たいへんな時代でしたね。

1467年 応仁の乱がはじまる。戦国時代の幕開け

1488年 加賀の一向一揆が起こる

1489年 室町幕府8代将軍・足利義政の別荘として銀閣寺が建てられる。建物に銀は使われていない

1543年 種子島に流れ着いたポルトガル船が、鉄砲を伝える

1549年 フランシスコ・ザビエルが来日。日本にはじめてキリスト教を伝える

1551年 めがねと西洋式の機械時計が日本にはじめて伝わる

「一向一揆」ってなに？

一揆とは「みんなで協力する」という意味で、社会を変える運動のこと。一向一揆は、仏教のひとつである「一向宗」の僧が中心になった一揆で、各地で起きました。加賀の一向一揆では、教えを信じる武士や農民などが守護大名をたおし、加賀国（今の石川県）を約100年間支配しました。

キリスト教はどうやって広まっていったの？

キリスト教を広めるため、ヨーロッパから日本へやってきたザビエルは、まずその土地の大名におくりものをして、気に入られるようにつとめました。大名が信者になれば、その家来や領民たちにも教えを広められるからです。大名の中には、天文学や医学など西洋の進んだ知しきに感心して、信者になる者もいました。

盆おどりのもとは仏教の念仏!?

夏祭りで行われる盆おどりは、室町時代にはじまりました。もともとは鎌倉時代、一遍という僧が仏や菩薩の名前をとなえながらおどる「おどり念仏」を完成させ、広めました。これがやがて人びとが楽しんでおどる「念仏おどり」となり、せんぞを供養するお盆の行事と結びついて、今の盆おどりになったといわれています。

1560年
桶狭間の戦いで、織田信長が今川義元をやぶる

1561年
第4回川中島の戦い。武田信玄と上杉謙信が信濃国北部の支配をめぐり、もっともはげしく戦う

1566年
毛利元就が尼子氏をほろぼす。その後、元就は中国地方の多くを支配する

1567年
信長が楽市令を出す

1571年
信長が比叡山延暦寺を焼きうちにする

1573年
信長が室町幕府15代将軍・足利義昭を京都から追い出し、室町幕府がほろびる

楽市令ってなに？

室町時代まで、商人や職人は自分たちの利えきを守るための団体である「座」をつくり、商売や職業をひとりじめにしたり、貴族や寺などから自分たちだけが得をするけんりをもらったりしていました。しかし、戦国時代になると、織田信長などの大名は、自分が支配する町が栄えてよりゆたかになるように座をなくし、だれでも自由に商売ができる市場をつくりました。これを「楽市楽座」といい、それを行わせる命令を「楽市令」とよびます。

弁当のはじまり

織田信長が安土城をつくるとき、はたらいていた人にかんたんな器にもった食事を配ったことが、「弁当」という言葉のはじまりといわれています。「それぞれにわり当てて配る食事（配当）を弁ずる（すます）」という意味から生まれたようです。

1575年

《安土・桃山時代》
長篠の戦いで、織田信長・徳川家康の連合軍が武田信玄の子・勝頼をやぶる

1576年

島津義久が日向国を制圧し、薩摩、大隅と3か国を統一する

1579年

信長の安土城が完成

1582年

九州の少年たちが天正遣欧少年使節としてヨーロッパへ出発

信長が明智光秀におそわれ、自ら命をたつ「本能寺の変」が起こる。その後、豊臣秀吉が光秀をやぶる

1585年

長宗我部元親が四国統一

1587年

秀吉が、身分に関係なくだれでも参加できる「北野大茶会」を開き、千利休もこれに協力する

日本の少年がローマ教皇に会う！

九州のキリシタン大名の大友氏、大村氏、有馬氏が、伊東マンショら13～14才の少年4人をヨーロッパに送りました。少年たちはポルトガルなどをおとずれたあと、ローマでキリスト教の最高位である教皇に会い、1590年に帰国。本や文書をつくるための活版印刷機や楽器などを持ち帰りました。

仏様すらおそれない！ 信長の延暦寺焼きうち

織田信長が京の都をおさえたころ、そのまわりはまだてきだらけでした。そのてきを助けていたのが、京都のすぐ北にあった延暦寺です。延暦寺は広い土地と武器をもっており、信長にしたがおうとしませんでした。そこで信長は、京都の支配を完全なものにするため、じゃまな延暦寺をせめ、焼きはらったのです。延暦寺のような有名で信者の多い寺を焼いた信長は、「鬼」だとおそれられました。

外国人から見た日本…ルイス・フロイス（1532年～1597年）

わたしはルイス・フロイス。ザビエルせんぱいに聞いて、キリスト教を伝えに日本へ来たヨ。日本人っておもしろいネ。YES か NO かはっきりしない、あいまいな言葉を使って、感情を外に出さないようにするんだ。「うそのほほえみ」も得意だよネ。女の人は、顔を真っ白にぬって目や口が小さく見えるようにけしょうするし…。ヨーロッパでは大きな目が美しいとされているから、びっくりしたヨ。

1588年
秀吉が、農民から刀ややりを取り上げる「刀狩」を行う

1590年
秀吉が小田原の北条氏をほろぼし、東北の伊達政宗もしたがえて天下統一を完成させる

秀吉が、村ごとに田畑の広さ、そこをたがやす農民などを調べる「太閤検地」を行う。この太閤検地と刀狩によって、農民と武士の区別がはっきりした

1592年
秀吉が朝鮮半島に軍を送り、朝鮮や明の軍と戦う。2年後に休戦、その3年後の1597年に第2回の出兵が行われるが、次の年に秀吉が死に、引きあげる

1596年
秀吉がキリシタン禁教令を出す

1598年
秀吉が死ぬ

キリスト教を広めることが禁じられる

秀吉は、はじめ信長と同じくキリスト教をみとめていましたが、1587年に宣教師を国外に追放する命令を出します。しかし、人びとがキリスト教を信じることはゆるされていたため、その後もキリスト教は広まり、その力の大きさをおそれた秀吉は、1596年にふたたび禁教令を出して、26人の宣教師たちを処刑しました。

ふたたび乱世の予感!?

秀吉がなくなったとき、秀吉の子・秀頼がまだおさなかったため、有力大名たちが協力して政治を行うことになりました。しかし、有力大名のひとりである徳川家康と、秀吉のそばに長年つかえた石田三成が対立。2年後の1600年に両者はぶつかって「関ヶ原の戦い」が起こり、またもや天下が争われることになりました。

第3章

こせいが光る！江戸・幕末のすごい人

徳川家康

1542年〜1616年

江戸幕府初代将軍。愛知県にあった三河国の領主の子として生まれるが、織田信長、豊臣秀吉にしたがいながら力をつけ、関ケ原の戦いで勝利して江戸幕府をひらいた。

織田信長、豊臣秀吉とならび、天下統一をめざした「天下人」といわれる人物がもうひとりいます。江戸幕府をひらき、戦国時代を終わりにみちびいた、徳川家康です。

家康もふたりと同じように天下統一をゆめ見ていましたが、家康の人生は苦労の連続でした。

子どものころは、てきの城で人質としてすごし、おとなになってからも、目の前に立ちふさがっていた信長と秀吉にしたがうしかありませんでした。ときには信長に「うら切っているのでは」とうたがわれ、信じてもらうためにおくさんや子どもを殺してしまったこともありました。

けれども家康は、ふたりの天下人をささえ続けながら、自分にチャンスがめぐってくるのをじっと待っていたのです。

プログラムナンバー2 関ヶ原つな引き

秀吉がこの世を去ると、家康は「ついに自分の番だ！」と立ち上がりました。

しかし、秀吉にかわいがられていた石田三成が、家康の前に立ちはだかります。そして、全国の武将たちが家康の味方と三成の味方に分かれ、関ヶ原という地でぶつかり合うことになったのです。

なぜみんな手伝ってくれないんだ！
三成に味方するのは、なっとくいかないのだ
ぼくたちは、ここでお弁当を食べているね
毛利秀元
吉川広家
西軍
ううう…
石田三成
宇喜多秀家
小西行長
あー！
ぽいっ
天下を引っぱり合うこの戦いは、長く続くとだれもが考えていましたが、たった1日で決着がついてしまいます。
三成の味方になった武将たちには「このまま豊臣家の天下でよいのか」というまよいがありました。それを見ぬいた家康は、てきの武将たちをつぎつぎとねがえらせ、みごと戦いに勝利したのです。
小早川秀秋
家康さんが早くねがえろって大砲をうってきたから、あっちに行っちゃおう

伊達政宗
真田幸村
秀頼さまーっ
豊臣秀頼
GOAL! GOAL!
ついに、豊臣家の代わりに日本をまとめる立場になった家康は、武士のなかでもっとも地位の高い「征夷大将軍」となり、江戸に幕府をひらきました。
こうして、戦国時代は終わり、「江戸時代」とよばれる平和な時代が250年以上続くことになったのです。
プログラムナンバー3
幕府争奪50メートル走!

江戸幕府をひらいた家康は、豊臣氏のあとつぎ・秀頼をたおすと、やっと安心したとばかりに、次の年、75才でなくなりました。新しい服をほとんど買わないなど、せつやく家で有名だった家康は、とても多くのお金を残したといいます。

きみへのメッセージ

江戸幕府をひらいたとき、わしはもう60才になっておった。苦しいことも多かったが、がまんにがまんを重ねて、最後には天下人になれた。うまくいかないことがあっても、いつかはチャンスがめぐってくる。あきらめてはいけないよ。

徳川家康

地球1周分を歩き日本地図を完成させた！

伊能忠敬

1745年～1818年

江戸時代の商人、測量家。50才から17年間かけて日本中を歩き、日本ではじめて正確な日本地図「大日本沿海輿地全図」をつくった。

へいきんじゅみょうが50才だった江戸時代に、50才をすぎてから活やくしたスーパーおじいちゃんがいました。伊能忠敬です。

忠敬は18才で伊能家の当主になると、商売をはんじょうさせて、今のお金で45億円ものざいさんをきずきました。

しかし、もともと天文学を学ぶというゆめをもっていた忠敬は、50才になると引退

し、江戸幕府の「天文方」をめざしました。そこは、天体の動きを調べてこよみをつくる研究機関。19才も年下の高橋至時に弟子入りし、ねる間もおしんで勉強しました。やがて、地球の大きさが知りたくなった忠敬たちは、幕府に蝦夷地（今の北海道）の地図をつくることを提案。幕府からゆるしをもらい、日本地図づくりをはじめました。

高橋至時

り歴書
名前 伊能忠敬
幼名 小関三治郎
たんじょうび 1745年1月11日（50才）
出身地 千葉県九十九里町小関
（しょく歴）
18才 佐原伊能家のむことして当主となる
36才 村のまとめ役「名主」となる
40才 米が不作のとき借金をして大量の米を買い、村の人たちに配る

推歩先生！

高橋至時のもとで修行中、忠敬は「推歩先生」とよばれていました。「推歩」とは、星の動きをはかること。忠敬はこの推歩の計算にとても熱中していたため、そんなあだ名がついたのです。

北海道に向かった忠敬は、まず海岸ぞいを自分の足で歩いて、きょりをはかりました。そして、夜は天体かんそくを行って、北極星の見える角度からその場所の緯度を計算し、歩いてはかったきょりとくらべました。ふたつの数に差があれば、差がなくなるまで何度もはかり直し、わずかなあやまりも出ないようつとめました。

忠敬は、ほとんど休まずに106

歩く練習！

海岸線のきょりを歩いてはかるとき、歩はばがバラバラだと正しい数字が出ないため、1歩が69センチメートルになるように、何日も歩く訓練をしました。

日間歩き続け、そのきょりはなんと1600キロメートルほどにもおよびました。

完成した地図は、幕府の予想をこえるすばらしいできばえだったため、忠敬は北海道だけでなく、日本全国の地図もつくることになりました。

まさに命がけ…

じつは、わかいころから体が弱かった忠敬。年を取ってからは、せきと熱がときどき出る「おこり」という病気にもなやまされていました。当時のじゅみょうをとっくにこえていた忠敬にとって、海岸線を歩き続けることは、まさに命がけのちょうせんだったのです。

緯度もはかる!

その場所が、地球を南北の真ん中で分ける線「赤道」からどれくらい北または南にずれているかの度合いをしめす「緯度」。この緯度と、北極星までの高さは同じなので、北極星の高さをはかると、その場所の緯度がわかります。忠敬はこの計算をくり返すことで、緯度1度が約111キロメートルに当たることをわり出し、歩いてはかったきょりをかくにんしていました。

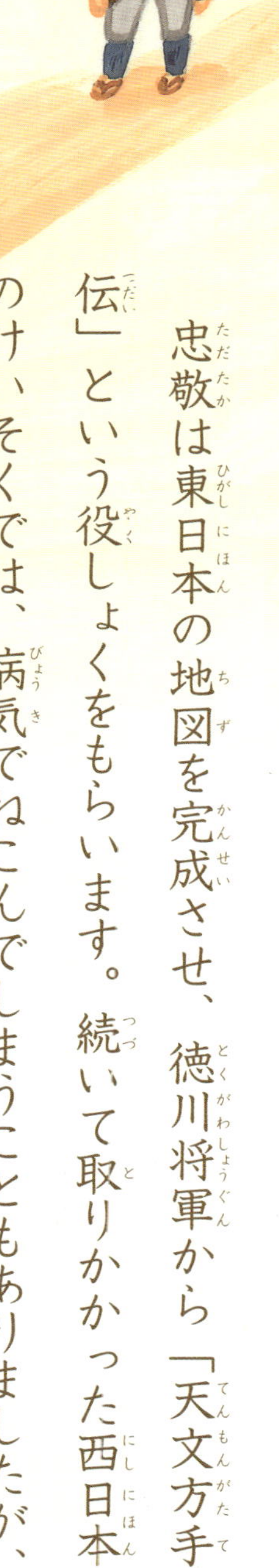

忠敬は東日本の地図を完成させ、徳川将軍から「天文方手伝」という役しょくをもらいます。続いて取りかかった西日本のけいそくでは、病気でねこんでしまうこともありましたが、17年かけて蝦夷地から屋久島までを歩ききりました。そのきょりは、なんと地球1周分と同じ4万キロメートル！ 72才になっていた忠敬は、その1年後、日本地図が完成する直前になくなってしまいました。

メジャーもGPSもない時代、忠敬の命とひきかえに発表された日本地図は、今の科学ぎじゅつを使ってつくったものとほぼ変わらないほど、正確なものでした。

それまで、地図づくりのぎじゅつはイギリス海軍が世界一でした。しかし、イギリス海軍は忠敬の地図を見ておどろき、それをもとにそれまでの地図をつくり直したということです。

伊能忠敬「日本国図（日本沿海輿地図（小図））」東京国立博物館 所蔵
Image: TNM Image Archives

きみへのメッセージ

わしは、どうしてもゆめがあきらめられなかったんじゃ。年を取ってからのちょうせんじゃったが、なっとくがいくまでやり続けて、成功した。だからきみも、きょうみをもったことにはどんどんいどんでいくといい。なにをするにも、「おそい」ということはないのじゃから。

伊能忠敬

五・七・五でつくる俳句をげいじゅつ作品にした

松尾芭蕉

1644年〜1694年

俳句のきそをつくりあげた、江戸時代の俳人。旅をくり返し、『野ざらし紀行』『奥の細道』など多くの俳句集・紀行文を残した。

みんなは「俳句」を知ってますか？

五・七・五のたった17音で、身のまわりのできごとや、自分の気持ちをあらわす俳句は、世界でいちばん短い詩といわれています。

今から400年ほど前の江戸時代、五・七・五と七・七を交代に続けていく「連句」がブームでした。この「連句」のはじめの五・七・五だけで作品をつくったのが、松尾芭蕉です。

伊賀（今の三重県）で生まれた芭蕉は、連句や俳句を勉強するため、29才で江戸にやってきました。はじめは、水道工事にかかるお金を管理する仕事をしながら、生活していました。

芭蕉の弟子・曾良

江戸に来て数年たつと、芭蕉は連句を教える仕事をもらえるようになります。しかし37才のとき、芭蕉はとつぜん仕事をやめ、江戸の深川という町にかくれて住むようになります。出世や金もうけのために連句をしている人たちが、イヤになったからです。そして、ひっこし祝いに弟子からもらった、バナナの仲間の植物「芭蕉」にちなみ、名前も「芭蕉」としました。

これは、先生が住んでいた
「芭蕉庵」が完成したときの
写真ですね

芭蕉は、身のまわりで起きたできごとを、ふだんから使うやさしい言葉であらわしました。親しみやすいのに上品な作品だったので、全国の人から「教えてほしい」とたのまれるようになり、芭蕉は弟子の曾良といっしょに、東北や北陸を5か月かけてめぐる旅に出たのです。

これは、旅のアルバムだな。
各地でよんだ俳句とともに、
ちょっとふり返ってみよう

山の中にある立石寺という
お寺では、いつもはやかましい
セミの声が、まるでまわりの岩に
しみこんでしまったかのように、
とてもしずかだった…

山形県・立石寺にて

最上川を船で下ったときは、
川の流れが早くて船がしずむんじゃないかと
ひやひやしたよ。
5月にふった雨が、最上川にたくさん
流れこんでいたからだろうね

山形県・最上川にて

海はあれていたけれど、
天の川が空にかかって美しかったね。
まるで、わたしたちと、
海の向こうがわにある佐渡島とを
つなぐ橋のようだった…

かつて武士たちが勇ましく
戦っていたという平泉をおとずれたけれど、
ただ草が生えているだけで、
昔のものはなにも残っていなかった。
とてもはかない気持ちだったよ

岩手県・平泉にて

松島の景色は美しすぎて、
とても俳句には
できなかったなぁ…

宮城県・松島にて

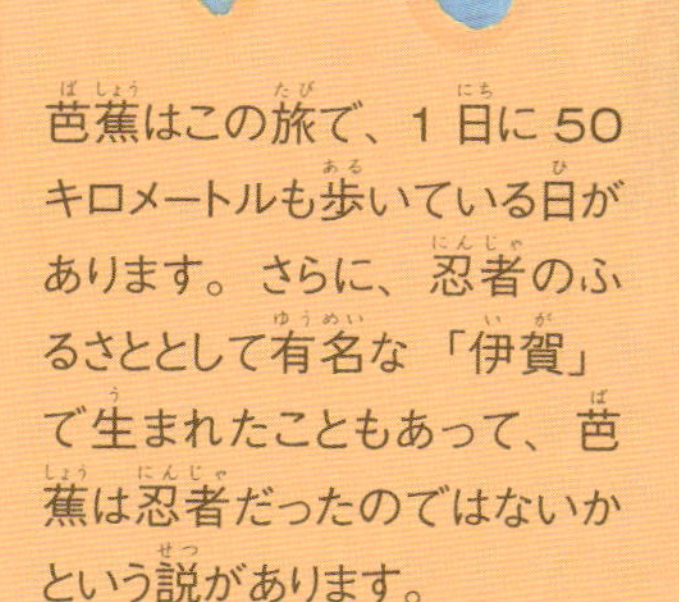

おっと！

おほほ、
これはかくして
おかなきゃな！

芭蕉はこの旅で、1日に50キロメートルも歩いている日があります。さらに、忍者のふるさととして有名な「伊賀」で生まれたこともあって、芭蕉は忍者だったのではないかという説があります。

芭蕉は、旅先であったできごとと、よんだ俳句をまとめて、『奥の細道』という本をつくります。この本をきっかけに、五・七・五は「俳句」というひとつのげいじゅつ作品として、みとめられるようになりました。「俳句をつくるには、旅に出るのがいちばん」と考えた芭蕉は、51才で病にたおれるまで、全国を歩き続けました。

旅に病んで 夢は枯野を かけ廻る

芭蕉

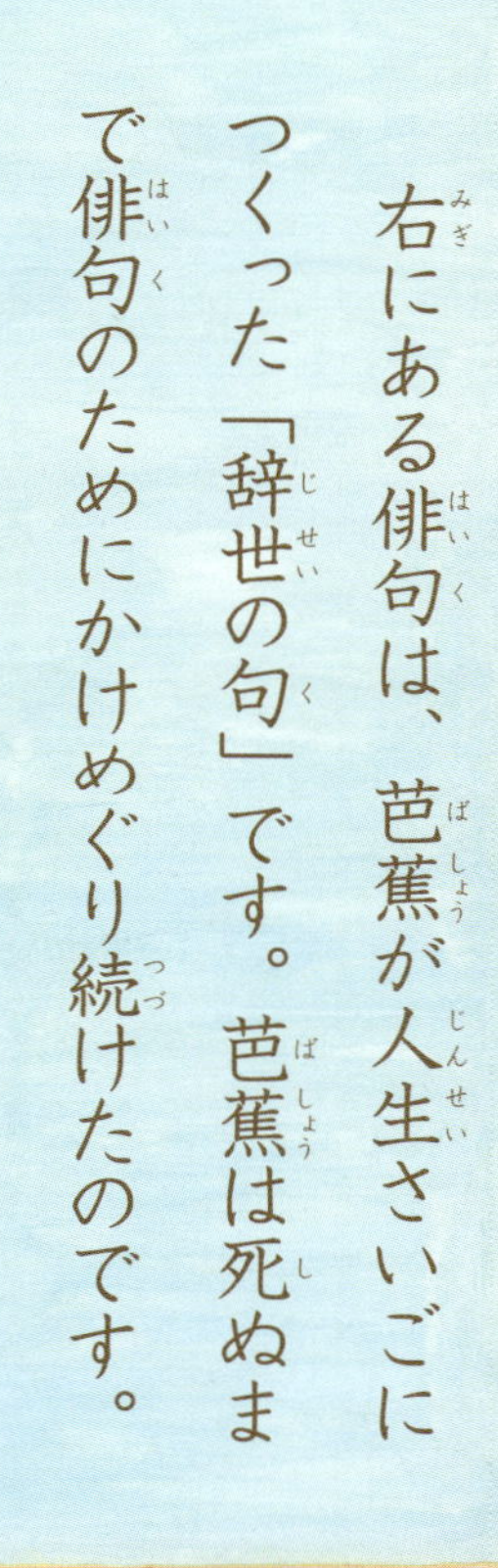

右にある俳句は、芭蕉が人生さいごにつくった「辞世の句」です。芭蕉は死ぬまで俳句のためにかけめぐり続けたのです。

俳句で旅の日記をつけてみよう

①旅行の計画を立てよう。
②旅行へ出かけ、その場所で感じたことを五・七・五で言いあらわそう。
③季節の言葉を入れられたら、かんぺき！

きみへのメッセージ

わたしがみんなの心に残るような俳句をつくれたのは、旅に出て、いろいろな人と話をしたり、美しい景色を見たり、きちょうな体験を積み重ねて感覚をみがいたからだ。つくえに向かって勉強するのも大切だけど、みんなも旅に出てごらん。そこで出会う人や景色は、きっとみんなの知しきや心を、ゆたかにしてくれるはずだよ。

松尾芭蕉

江戸文化絵巻

―江戸時代は文化のたから箱！―

平和な世が続いた江戸時代には、さまざまな文化が生まれました。なかでも「浮世絵」はその代表！　海外のげいじゅつ家たちにも、大きなえいきょうをあたえました。

MOA美術館　所蔵

葛飾北斎

1760年～1849年

19才で浮世絵の先生に弟子入りし、どんなジャンルの絵もかける浮世絵師へと成長。さまざまな場所や角度から見た富士山をえがいた『富嶽三十六景』が代表作。たたみ120じょう分のサイズから米つぶまで、さまざまな大きさの絵をかいてみせるなど、パフォーマンス好きでした。

歌川広重

1797年～1858年

おさないころから絵の才能があり、15才で浮世絵の先生に弟子入り。四季の美しさをゆたかにあらわす風景画が得意で、江戸のおすすめの場所をしょうかいする『名所江戸百景』シリーズは大ヒット。あざやかな青色がトレードマーク！

中山道広重美術館 所蔵

北斎と広重の浮世絵は、オランダの画家・ゴッホや、フランスの画家・モネ、フランスの作曲家・ドビュッシーなど、海外の多くのげいじゅつ家たちからも愛されました。

わたしのスケッチを見た外国人が、絵がうますぎておどろいたことがあったなあ！

もうひとつ、江戸時代にとくに栄えたのが文学です。当時は紙のねだんが高かったため、本は回し読みがきほんでした。それを商売にした「貸本屋」ができると、文学はしょ民にまで広がっていきました。また「人形浄瑠璃」という人形げきも大流行しました。

井原西鶴

1642年～1693年

「浮世草子」とよばれる小説の作者のひとりで、たくましく生きる江戸時代の人びとを主人公に、恋愛やお金に対する人間のきたなさをありのままにえがきました。代表作は、世之介という男が親のお金で女性と遊びまくる話『好色一代男』。

全国民が泣いた!
「曾根崎心中」
命をかけて愛し合ったふたり
大ヒット上演中!
作者 近松門左衛門
近松門左衛門
1653年～1724年
「人形浄瑠璃」のシナリオライター。親が決めた人としかけっこんできなかった時代に、自分が好きな人との自由な恋愛をえがき、人気を集めました。
悪をこらしめるヒーローって、かっこいいですよね
曲亭馬琴
1767年～1848年
歴史や伝説をもとにした小説「読本」の作者で、「勧善懲悪」をテーマにしました。よいことをすすめて悪いことをこらしめる八犬士とよばれるわかものたちが、8つの玉をもつ仲間をさがしながら悪事をあばいてまわる『南総里見八犬伝』が代表作。
南総里見八犬伝
曲亭馬琴
義
仁
礼
悌
智
孝
信
忠

しょ民の声にも耳をかたむけた「米将軍」

徳川吉宗

1684年～1751年

江戸幕府中期の8代将軍。人びとの生活をよくするため、「享保の改革」を行う。幕府の財政につながる米のねだんを安定させ、「米将軍」とよばれた。

吉宗様

江戸幕府ができてから約百年後、吉宗は「御三家」のひとつ、今の和歌山県にある紀州徳川家に生まれました。御三家とは、将軍になれる資格をもつ家のこと。しかし紀州は江戸から遠いうえ、兄が3人もいたため、吉宗には、将軍になる番はやってこないはずでした。

祝！将軍当選!!

しかし、吉宗が22才のとき、父と兄たちがなくなり、いきなり紀州徳川家の当主になりました。さらに7代目の将軍がわずか8才でなくなったとき、ちょうどほかの御三家に将軍になれる人がいなかったため、吉宗が新しい将軍として国のトップに立つことになったのです！

吉宗はさっそく、よりよい国づくりに取り組みはじめます。

えっ、おれ？

吉宗が当主になったとき、紀州徳川家には多くの借金がありました。吉宗は家来にはでな服そうをやめさせるなど、せつやくを進めながら、新しい田んぼをつくり、特産品を売って借金をすべて返し、貯金までつくりました。血すじだけでなく、実力があったからこそ将軍になれたのです。

徳川吉宗

将軍になった吉宗は、やはり借金だらけだった江戸幕府を立て直し、人びとの生活をよくするために、いろいろな作戦を実行します。

改革その一

幕府の収入を安定させる!

幕府は当時、家来の給料を米ではらっていました。そこで、吉宗は米がいつも同じねだんになるように、米をつくる農民に毎年同じ量の米を幕府におさめさせ、幕府の収入を安定させました。さらに、新しい田んぼをつくって、お米がたくさんとれるようにしました。米のねだんにまでよく気を配ったので、吉宗は「米将軍」とよばれました。

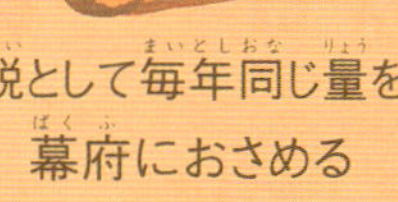

税として毎年同じ量を
幕府におさめる

改革その二

せつやくをすすめる!

少しでもお金をせつやくするために、吉宗は自分から進んで、高級な服を着るのをやめたり、食事を1日2回にしたりして、みんなのお手本になりました。

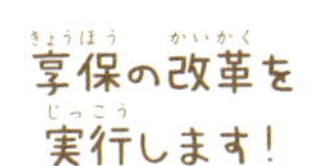

よっ、米将軍！

これらの改革は、吉宗が将軍になったときの年号から「享保の改革」とよばれます。

改革その三

目安箱をおく！

吉宗は、ふだんの生活でこまっていることや、役に立つアイデアなどを集めるため、町中に「目安箱」をおいて、しょ民の意見にも耳をかたむけました。

改革その四

小石川養生所を開く！

まずしくて病院に行けない人のために、無料でちりょうを受けられる「小石川養生所」を開きました。

改革その五

武芸をすすめる！

戦がないからと、体をきたえなくなった武士たち。平和ボケした武士たちの心を引きしめるために、吉宗は弓や乗馬といった武芸を行うよう、強くすすめました。

吉宗が行った改革は、これだけではありません。せつやくのために家来の数をへらしたり、家柄にかかわらず力のある人が重要な地位につけるようにしたりしました。また、今の消防士にあたる「町火消し」をおき、人びとが安心してくらせるようにしました。

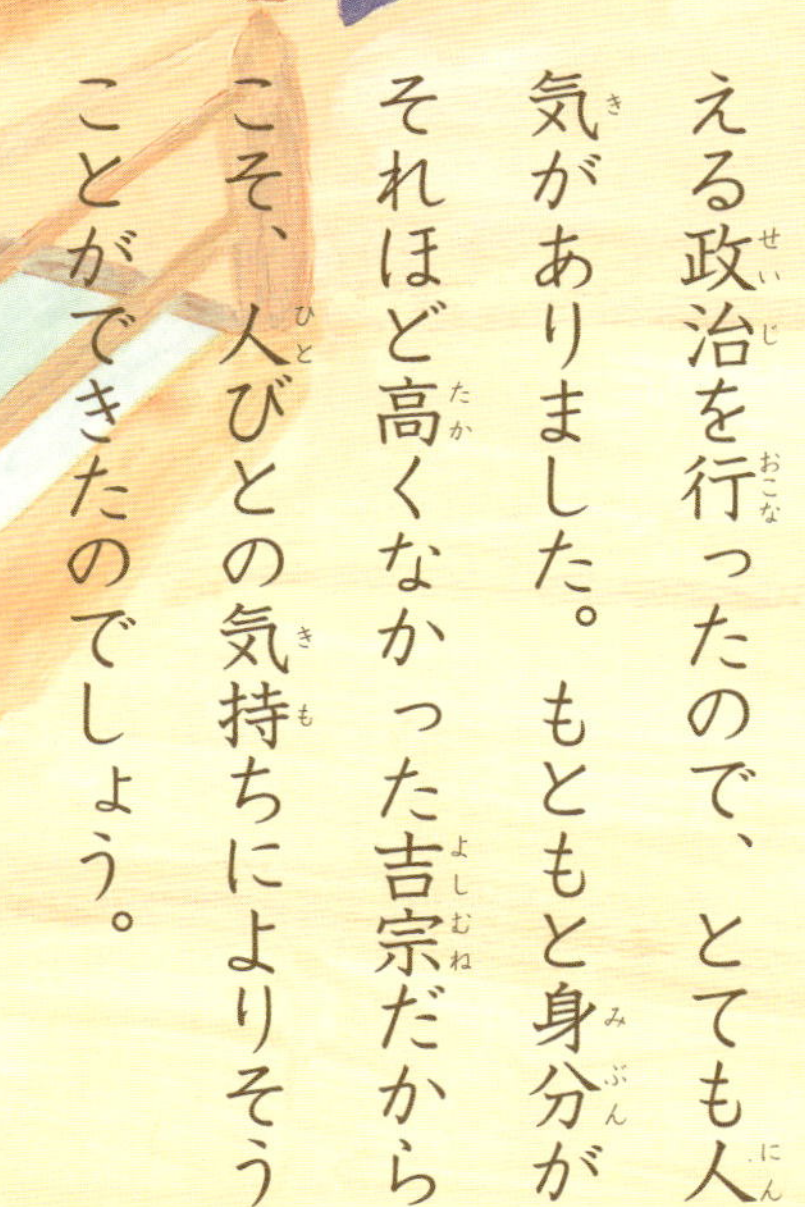

このように吉宗は、古いしくみを変え、しょ民のことを第一に考える政治を行ったので、とても人気がありました。もともと身分がそれほど高くなかった吉宗だからこそ、人びとの気持ちによりそうことができたのでしょう。

きみへのメッセージ

えっ、なんでそんなに新しいことばかり、チャレンジできるのかって？　おれだって、まさか自分が将軍になるなんて思ってなかったし、はじめはとまどうばかりで、なにもできなかったさ。でも、こまっている人の言葉に耳をかたむけて、かれらのために行動するのは、当然のことだろ？　「当たり前」をちゃんとやることが、いい世の中をつくる近道なのさ！

徳川吉宗

先を見通し、人をつないで幕末を動かしたヒーロー

坂本龍馬

1835年～1867年

江戸時代の終わりに活やくした土佐藩出身の志士。じょうしきを打ちやぶるアイデアとばつぐんの行動力で日本中をかけめぐり、「薩長同盟」を結ばせるなど、幕府をたおす運動につくした。

坂本龍馬は、今の高知県にあった土佐藩の武士の家に生まれました。おさないころの龍馬は、気が弱く泣き虫で、おまけに10才になってもおねしょをするので、「ねしょうべんたれ」というあだ名までついていました。そんな龍馬をかわいがっていたのが、すぐ上の姉の「乙女」でした。乙女は、早くに死んでしまった母親の代わりに、愛情たっぷりに、ときにはきびしく、龍馬を育てました。

坂本龍馬

ウウ…

乙女のおかげですっかりたくましく成長した龍馬は、めきめきと剣術のうでをあげ、19才で修行のため江戸に出ました。

そしてこのとき、江戸の湾にアメリカの船がやってきた「黒船来航」という大事件をもくげきしたのです。

戦がはじまるのか?
これから日本はどうなるのだ…

これまで外国を知らなかった多くの日本人にとって、外国の船がやってくることは、今のわたしたちからすると、宇宙人があらわれたぐらいショッキングなできごとでした。この事件をきっかけに、日本は外国とどのようにつきあっていくべきか、国中がさまざまな考え方にゆれ動く時代へと、とつにゅうしていったのです。

それから龍馬は、身分も考え方もちがう多くの人たちと出会い、外国や政治について学ぶなかで、大きなゆめをもつようになります。それは幕府による政治を終わらせ、国民みんなが政治に参加して国を動かす「新しい日本」をつくること。そして、自分は世界をぶたいに活やくすることです。このゆめをかなえるため、龍馬は動きはじめます。

日本各地をかけぬけた!! 龍馬

ついに、幕府をたおす大きな力が生まれたぜよ!

薩摩藩の西郷隆盛と長州藩の桂小五郎のあいだを取り持ち、2つの藩が協力し合うことを定めた「薩長同盟」を結ばせる。次の日、宿にいた龍馬は幕府の役人におそわれ、手にきずを負う。

おねがいします!

福井 5

海軍操練所がつぶれると、薩摩藩からの助けを受けて、日本ではじめて船で商品を売り買いする貿易会社「亀山社中」をつくる。また、このころ長州藩の桂小五郎と面会する。

幕府にさからう長州藩に味方し、幕府軍と船で戦い、勝利する。

下関 11

神戸 6

9 **京都**

8 **長崎**

海軍操練所が完成し、参加する。

土佐 1

3

スタート

勝海舟のしょうかいで、薩摩藩の西郷隆盛に面会する。

7 **薩摩** 10

生まれ育った場所。

修行を終えていったんもどってくるが、外国を追いはらって日本を守ろうという考えをもつようになった龍馬は、考え方のちがう土佐藩をぬけ出す。

西郷隆盛にすすめられ、きずのちりょうのためおくさんのお龍とともに薩摩をおとずれる。ふたりは温泉などで休養をとりながら、3か月ほど各地を旅してまわった。これが日本初の新婚旅行といわれている。

新しい日本をつくるため、日本各地をかけめぐった龍馬。しかし、ついに幕府がたおれ、幕府が朝廷に政治を返す「大政奉還」が実現した直後、龍馬は何者かに暗殺されてしまいます。新政府のスタートも見とどけられず、自分が世界に飛び立つこともかなわぬまま……。龍馬がゆめ見た「新しい日本」は、ともに戦った仲間たちの手で、その後、実現されていきます。

高い身分でもなく、軍隊ももたず、ただ強い意志と人に好かれる性格をもっていた龍馬でしたが、ずばぬけた行動力により、たった数年で

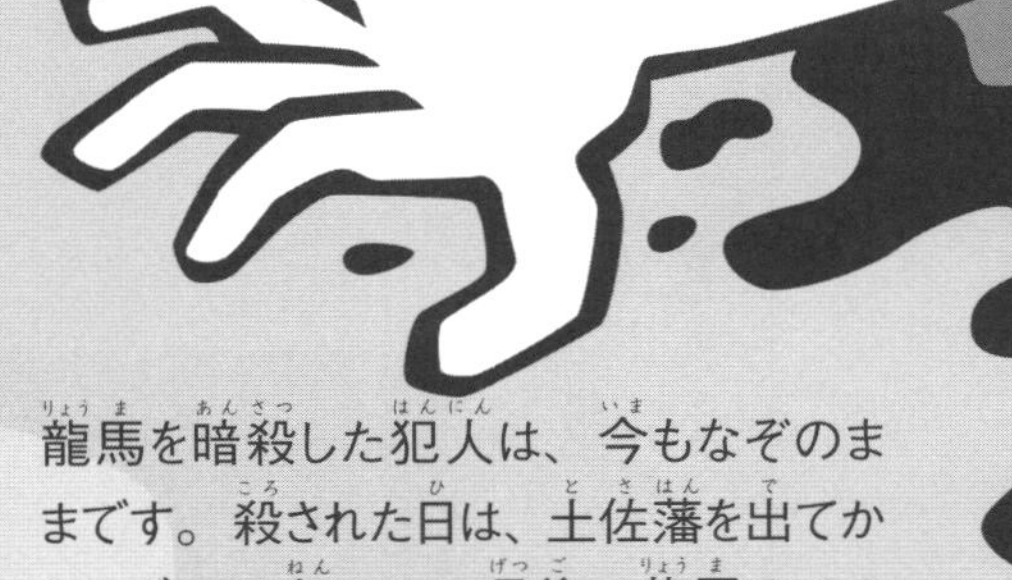

龍馬を暗殺した犯人は、今もなぞのままです。殺された日は、土佐藩を出てからわずか５年１０か月後、龍馬の33才のたんじょう日でした。

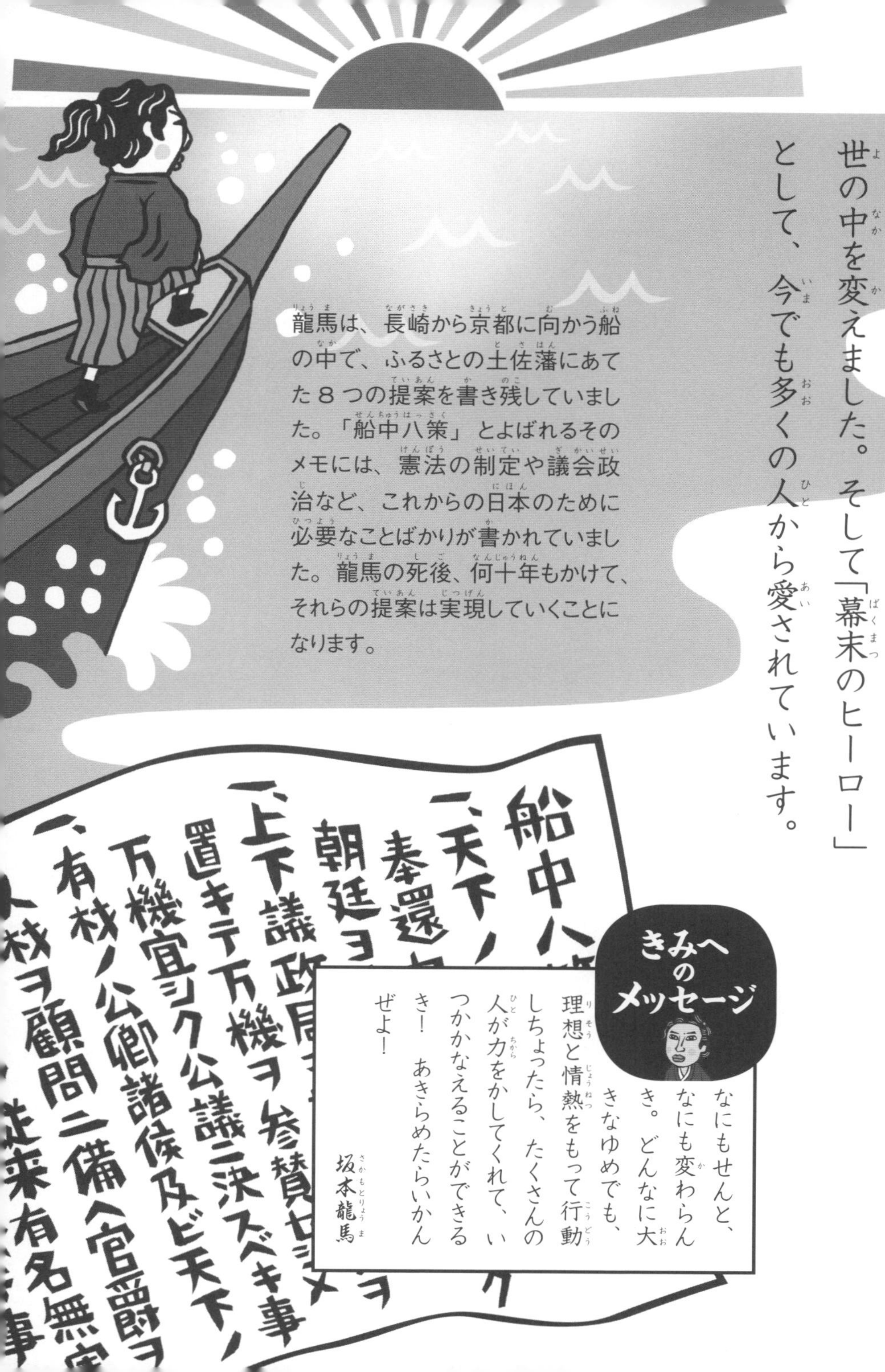

世の中を変えました。そして「幕末のヒーロー」として、今でも多くの人から愛されています。

龍馬は、長崎から京都に向かう船の中で、ふるさとの土佐藩にあてた８つの提案を書き残していました。「船中八策」とよばれるそのメモには、憲法の制定や議会政治など、これからの日本のために必要なことばかりが書かれていました。龍馬の死後、何十年もかけて、それらの提案は実現していくことになります。

きみへのメッセージ

なにもせんと、なにも変わらんき。どんなに大きなゆめでも、理想と情熱をもって行動しちょったら、たくさんの人が力をかしてくれて、いつかかなえることができるき！　あきらめたらいかんぜよ！

坂本龍馬

明治維新をなしとげ、人びとに愛された「西郷どん」

西郷隆盛

1827年～1877年

薩摩藩出身の政治家。幕府をたおす運動のリーダー的そんざいとなり、明治新政府でも活やくするが、政府と対立して西南戦争を起こし、自決した。

西郷星

歌　大久保利通

「西郷さん」「西郷どん」
みんなが親しみこめて　あいつをこうよぶ
薩摩生まれの　薩摩育ち
だれよりまじめで　やさしいあいつ
どのくらいまじめかって？
つかえていた薩摩藩主が　死んだとき

わたしの友、西郷隆盛の人生を歌にしました。聞いてください

オ～イエ～～

大久保利通
1830年～1878年
薩摩藩につかえる武士の家に生まれ、西郷隆盛とともに薩摩藩で活やく。明治政府でも中心人物となり、新しい日本の国づくりを進めた。

自分もいっしょに　死のうとしたほどさ
信じられないって？　いや　ホントの話
時は　幕末ｔｏ明治維新
新しい日本をめざし　必死にはたらいたあいつ
同じ村で育ち　ともに戦った　おれの親友
あいつの歌を　聞いてくれ

ちっちゃいころから　体がでかくて
どんぐりまなこの　気のいいあいつ
小吉どん　とおれがよび　正助どん　とあいつが答える
良き友　良きライバル　おれたちは　そんな感じ
おれたちは　思った　このままじゃ日本はオワルって
世の中を変えるのは　おれたちだって
クールなおれとちがい　あいつは不器用なほどにホット！
だから　２度も島流しにあったし　つらい日々も送った
でも　日本を変えるには　あいつが必要だってことは
みんなわかっていたのさ
おれたちは　戦った

長く対立していた長州藩の桂小五郎と面会。おたがいに助け合うことを定めた「薩長同盟」を結ぶことに成功した。

藩のためを思い行動した結果、藩主の命令にそむき、遠い島のろうやですごしたこともあった。

薩摩藩のトップになった　あいつは
なんと長年のライバル　長州藩と手を組んだ
(薩・長・同・盟)
そして　ついに政権は幕府から朝廷にcome back!
(大・政・奉・還)
さあ　江戸城総こうげきへのcount down!
(ちょっと待て!)
あいつはむだな血を流さず　話し合いで人びとを守った
ところが　あいつときたら　これからというときに
さっさと薩摩に帰っちまった
「おいどんの役目はここまで」だってさ

幕府の最後のとりでである江戸城を、新政府軍はこうげきしようとした。そこへ旧幕府軍のトップ・勝海舟が、江戸の町を戦火から守るため、西郷に話し合いをもちかける。西郷は、「江戸城をあけわたす」という勝の提案を受け入れ、こうげきを中止した。

もちろん　おれたち新政府は
あいつを引き止めた
おれが　外国を見てまわるあいだ
あいつは　新しい国づくりを進めてくれた
でも　となりの朝鮮をせめる計画が
おれのるす中に　進んでいたなんて……
時代が変わり　身分をなくした武士たちに
この計画で　生きるきぼうを
取りもどしてほしいと　あいつは考えたのさ
結局　計画はつぶれ　あいつはまた
薩摩に帰った　今度は　もどってこなかった

自ら大使として朝鮮へ行き、開国を進めようとしていた西郷。しかし、帰国した大久保たちによってこの計画はつぶされ、西郷は政府を去った…。

学校をつくり　人を育てる道を見つけたから
でも　あいつはみんなにしたわれすぎて
命を投げ出すことになっちまった
政府に戦いをいどみ　負けて　自ら命をたった
あいつは　最後までサムライだった
あいつが　死んだころ
空に　真っ赤な星があらわれた
西郷どんは　星になったと
みんながいった
だれがよんだか　西郷星
なみだでかすむ　西郷星

鹿児島の元武士たちが政府に反乱を起こすと、西郷はリーダーとなって政府軍と戦い、最後は城山のどうくつで自ら命をたった…。

きみへのメッセージ

わたしは「敬天愛人」という言葉が好きだ。天をうやまい、人を大切にし、だれかの目を気にするのではなく、ただ天に対してはずかしくないよう正々堂々と生きるという意味だ。

みんなも、なにかをしようと思ったとき、それが天に向かって「正しい」といえることかどうか、考えてみてほしい。そうすれば、きっと悔いのない人生が送れるはずだ。

西郷隆盛

江戸時代～幕末ってこんな時代！

関ヶ原の戦いに勝った徳川家康が天下を統一し、江戸に幕府をひらきました。その後、215年ものあいだ、日本は外国との交流を制限する「鎖国」をつらぬき、大きな戦乱のない世の中が続きました。ところが、アメリカのペリーがやってきて開国をせまったため、日本はふたたび混乱の時代をむかえることになります。

1600年

天下をねらう徳川家康と、それを止めようとする石田三成がぶつかり合う「関ヶ原の戦い」が起こり、家康が勝利する

1603年

《江戸時代》

家康が江戸幕府をひらき、徳川家を中心に政治が行われるようになる。江戸時代のはじまり

1612年

剣の達人である宮本武蔵と佐々木小次郎が、巌流島で戦う

キリスト教が禁止される

1614～1615年

大坂の陣で、家康が豊臣家をほろぼす

全国の大名を幕府にしたがわせるための決まり「武家諸法度」が定められる

1637年

島原の乱が起こる。キリシタンの多い島原藩の民が、年貢の取り立てなどにていこうしたため、キリスト教のとりしまりがきびしくなる

これで本当に徳川の天下！

江戸幕府をひらいた徳川家康でしたが、豊臣秀吉の子ども・秀頼が天下をねらっているのではないかと考えます。そこで家康は、「大坂冬の陣」と次の年の「大坂夏の陣」の２度の戦いで秀頼をたおし、豊臣家を完全にほろぼしました。

江戸の町の弱点は火事！

木造の家が密集して建っていた江戸の町は、一度火がつけばたちまち大火事になりました。とくに1657年の「明暦の大火」とよばれる火事は、将軍の住む江戸城まで焼き、10万人がなくなりました。そのため、放火は大罪！　おかした者は火あぶりにされたとか。おそろしい！

- **1639年**　ポルトガル船が来ることを禁止して、外国との交流を制限する「鎖国」がはじまる
- **1657年**　江戸の町を焼きつくした大火事「明暦の大火」が起こる
- **1682年**　井原西鶴が『好色一代男』をしゅっぱんする
- **1685年**　5代将軍・徳川綱吉によって「生類憐みの令」がはじめて定められる
- **1689年**　松尾芭蕉が東北への旅に出発し、『奥の細道』を書く
- **1698年**　米不足のときの食料とするため、日本ではじめてサツマイモがさいばいされる
- **1703年**　近松門左衛門がシナリオを書いた人形浄瑠璃『曾根崎心中』が上演され、大ヒット

虫も殺せない？「生類憐みの令」

5代将軍・徳川綱吉は、捨て子や野犬など、すべての生きものを大切にしようという「生類憐みの令」を出し、犬だけでなく、ねこや牛、馬などの動物を殺すことを禁止しました。しかし、これが「綱吉は、虫を殺しただけでもばつをあたえる、ひどい法りつをつくった」とひはんされ、長いあいだごかいされていたともいわれます。

日本は引きこもり？

幕府はキリスト教が広がるのをおさえるため、外国の船が出入りできる港を今の長崎県の出島だけと決め、外国とのつきあいを制限する「鎖国」を行いました。日本人は、外国へ旅行に出かけることも、外国から日本に帰ってくることもできなくなりました。

江戸のファストフード「SUSHI」

みんなが大好きなおすしは、江戸時代には、今のハンバーガーのようなファストフードでした。気の短い江戸っ子が、早く手軽に食べられるようにと発明され、今より2倍も大きいサイズでにぎられていました。人気のネタはエビ。今では人気のマグロは、当時はかちの低い魚とされていました。

1716年
徳川吉宗が将軍になり、「享保の改革」を行って幕府の借金をへらす

1772年
田沼意次が幕府で将軍に次ぐ最高の地位・老中になる。商人からお金をおさめてもらう代わりに、商売をしやすくする「株仲間」をつくるなど、経済をよくする政治を行うが、お金をわたして特別あつかいしてもらう「わいろ」がふえた

1774年
ヨーロッパの医学書を前野良沢と杉田玄白がほん訳し、『解体新書』という書名でしゅっぱんする

1782年
このころ、作物が育たなくなったり火山が噴火したりして、全国で食べものがなくなる「天明のききん」が起こり、多くの人がなくなる

1787年
松平定信により「寛政の改革」が行われる

日本医学がレベルUP！『解体新書』

中国から伝わった漢方医学が主流だった当時の日本で、体の内部がリアルにえがかれた『ターヘルアナトミア』というヨーロッパの医学書をほん訳し、『解体新書』としてしゅっぱんした前野良沢と杉田玄白。ふたりは、はじめ外国語がまったくわかりませんでしたが、オランダ人に習ったり、ひとつの単語を訳すのに1日かけたりしながら、ほん訳にチャレンジしました。この本のおかげで、西洋医学のすごさが伝わり、日本の医学は大きくはってんしました。

日本の教育レベルに外国人もびっくり！

江戸時代、武士の子は歴史や古典などを学ぶ「藩校」に、しょ民の子は文字の読み書きやそろばんなどを学ぶ「寺子屋」にそれぞれ通っていました。そのおかげで、当時日本の子どもの１０人中７～９人が、文字を読み書きできました。同じころ、イギリスでは１０人中４人しか読み書きができなかったため、外国人からとてもおどろかれたそうです。

1802年	1808年	1821年	1825年	1837年	1841年
「やじさん」「きたさん」のふたりの男の旅をおもしろおかしくえがいた本『東海道中膝栗毛』を十返舎一九がしゅっぱんする	間宮林蔵が北海道やそのさらに北を探検し、日本列島の北にある樺太（今のサハリン）が島だということを発見する	伊能忠敬らの「大日本沿海輿地全図」が完成する	今の中国である清と、オランダ以外の外国船は、理由を問わずにおいはらう「異国船打払令」が出される	「天保のききん」に苦しむ農民たちを助けるため、幕府の役人だった大塩平八郎が反乱を起こす	水野忠邦による「天保の改革」がはじまる

農民を救おうとした役人

天保のききんで人びとが米不足に苦しむなか、新しい将軍のたんじょうを祝うための大量の米が、大坂から江戸へと運ばれました。これを知った大坂の学者・大塩平八郎は、反乱を起こします。わずか半日で制圧されてしまいましたが、大塩平八郎が幕府の元役人だったため、幕府は大きなショックを受けました。

がんばって改革したけれど…

幕府の役人・松平定信は、世の中を正そうとぜいたくを禁止し、せつやくを求める「寛政の改革」を行いますが、きびしすぎて6年で終わりました。その後、水野忠邦という役人が「天保の改革」でせつやくをすすめ、江戸時代はじめのしくみにもどそうとしますが、これも2年で失敗。このあと、幕府の力は弱まり、「幕末」という時代がおとずれます。

外国人から見た日本…ペリー（1794年～1858年）

ワタシはアメリカ海軍の司令官・ペリーとイイマス！　ニホンに開国してほしくてやってきまシター！　それにしても、ニホンの「ショクニン」はすごいデース。くぎを1本も使わずに、水のもれない木の器をつくってしまうんですカラ。でも、男の人と女の人がいっしょにおふろに入る「混浴銭湯」は、アリエナイネー！

1853年	アメリカのペリーが日本にやってきて、国を開くよう求める
1854年	日本とアメリカが、鎖国をやめることを約束した「日米和親条約」を結ぶ
1858年	幕府の大老・井伊直弼が、自由にさいばんを行えないなど、日本に不利な約束が多くふくまれた「日米修好通商条約」をアメリカと結ぶ
1860年	井伊直弼が暗殺される「桜田門外の変」が起こる
1862・63年	薩摩藩がイギリスと薩英戦争を起こす 今の神奈川県にある生麦村で「生麦事件」が起こる
1865年	坂本龍馬が日本ではじめての貿易会社「亀山社中」をつくる
1866年	薩摩藩と長州藩のあいだで薩長同盟が結ばれ、幕府をたおそうとする動きが強まる
1867年	徳川慶喜が政権を朝廷に返す「大政奉還」を行い、江戸時代が終わる

外国は強かった！　現実を知った薩摩

1862年、薩摩藩の行列が生麦村という場所を通りました。身分の高い人の行列が通るときは、道をあけて頭を下げるのが当時の決まり。でも、それを知らないイギリス人が馬に乗ったまま行列を横切ったため、刀できりつけられてしまいます。イギリスはきりつけた者の死刑を求めましたが、薩摩藩はそれをことわり、イギリス軍艦をこうげき。イギリスも大砲をうち返し、鹿児島の町は大きなひがいを受けました。外国の強さを知った薩摩は、日本から外国を追い出すべきという考えを見直しました。

黒船がやってきた！

クジラをとる「ほげい船」が休けいするための港を開く目的で、ペリーは日本をおとずれます。巨大なアメリカの船は「黒船」とよばれて、おそれられました。この事件から、日本は外国を追い出すか、鎖国をやめて国を開くかでまようようになります。

世界においつけ！明治のすごい人

第4章

近代国家たんじょうのシンボル！

明治天皇

1852年～1912年

日本の第122代天皇。江戸幕府をたおした人びとに支持されて政権を手にし、明治時代をはじめた。日本を将軍中心から天皇中心の国に変え、国民をひとつにまとめて近代国家をめざした。

一八六七年、日本は、大きく変わろうとしていました。江戸幕府15代将軍の徳川慶喜が、幕府が取りしきってきた政治を朝廷に返したのです。これにより、265年も続いた江戸時代がついに終わり、新しい時代、「明治時代」の幕が開きました。

しかし、このとき朝廷の中心にいたのは、お父さんの天皇がなくなって、あとをついだばかりの明治天皇。まだ14才の少年でした。

五箇条の御誓文

1・政治の大切なことは、会議を開いて国民みんなで決めよう
2・国民は心をひとつにして、政治を行っていこう
3・みんなの願いがかなって満足してくらせるように努力しよう
4・古くて役に立たないしゅうかんは改め、世界のルールにしたがおう
5・世界から新しい知しきを学んで、天皇を中心に国をはってんさせよう

次の年、これから政治を行っていく明治天皇の決意をしめした「五箇条の御誓文」が発表されました。

幕府が政治をにぎり、外国に門をとざしていた江戸時代の日本は、もう終わり。国民が明治天皇を中心にひとつとなり、世界に立ち向かう時代がはじまったのです。「チーム・ジャパン」のたんじょうです！

新生ジャパンのもとでは、外国からさまざまな文化がどっとなだれこむ「文明開化」が起こりました。明治天皇は、自ら西洋風のかみがたにし、千年のあいだ禁止されていた牛肉料理を口にするなど、西洋文化を進んで受け入れるすがたをアピールしました。

また、これからの日本の形をしめした「大日本帝国憲法」を出して、外国と対等にわたり合える政

牛なべ

西洋人をまねて牛肉を食べることが流行し、今の「すき焼き」ににた「牛なべ」が人気となりました。

ガス灯

町には、それまでのちょうちんに代わってガス灯があらわれ、レンガを使った洋風の建物も多くつくられました。

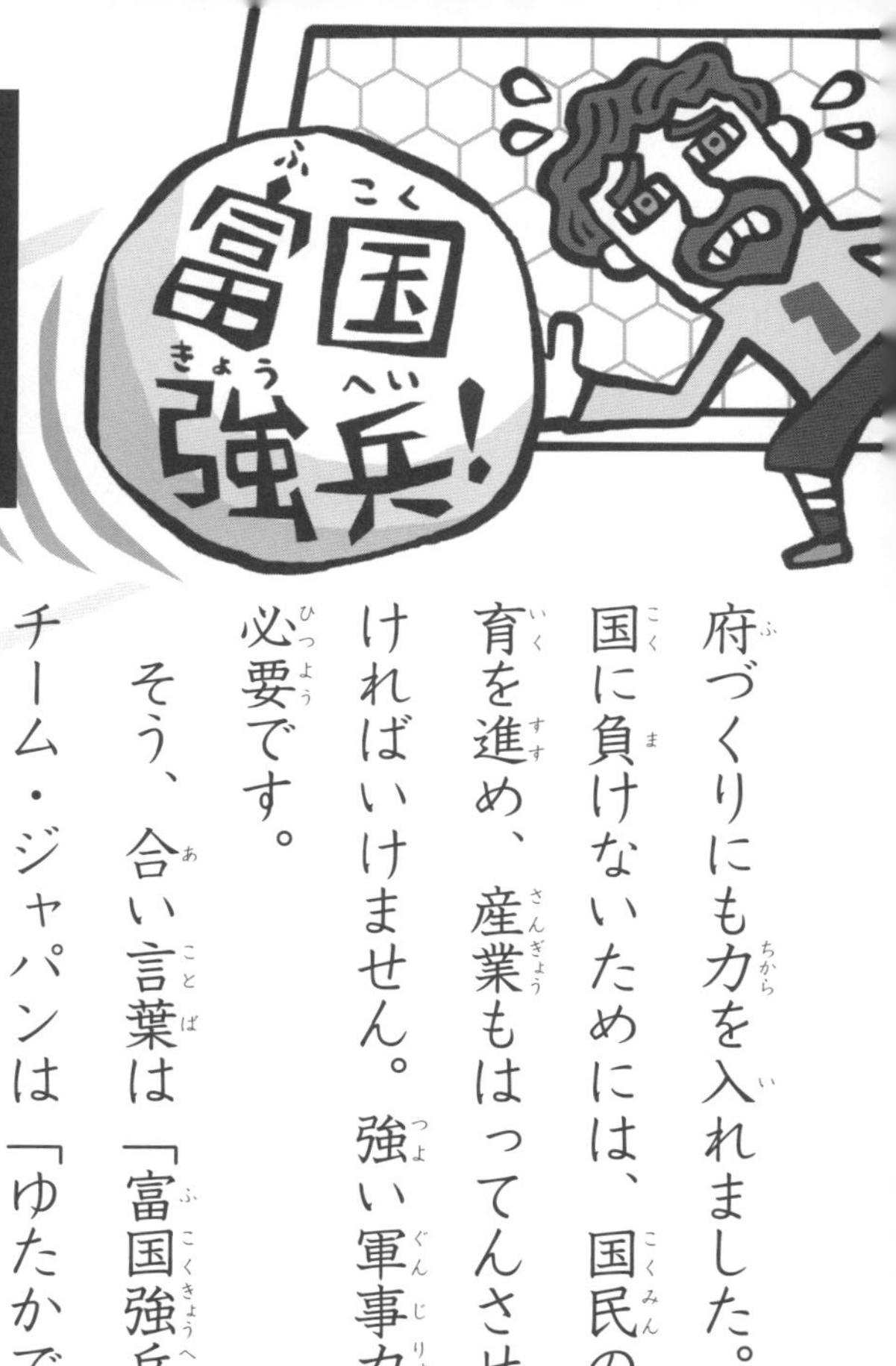

府づくりにも力を入れました。外国に負けないためには、国民の教育を進め、産業もはってんさせなければいけません。強い軍事力も必要です。

そう、合い言葉は「富国強兵」。チーム・ジャパンは「ゆたかで強い国」をめざし、明治天皇というたのもしいリーダーのもと、大きく成長していったのです。

ザンギリ頭

ちょんまげを切り、西洋風にかりこんだかみがたが流行しました。

ふむ ふむ

学校

全国に小学校がつくられ、6才以上の子どもが身分に関係なく学べるようになりました。

世界と戦いはじめた日本を、リーダーとしてみごとにみちびいた明治天皇。しかし、戦争の時代をむかえ、日本中がさらなる富国強兵をおし進めるなか、明治天皇は、なやみ苦しむ日も多くすごしました。

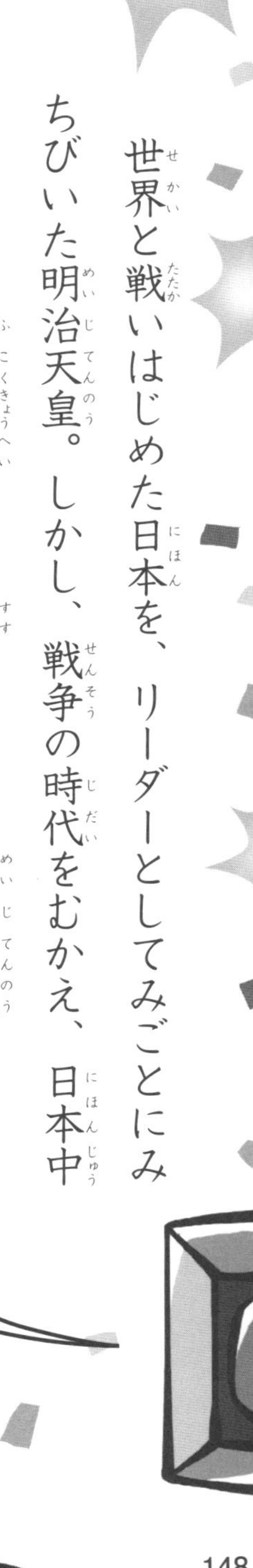

ここまでの戦いをふり返って、いかがですか？

日本はチーム一丸となり、よくがんばってくれた。おかげで、アメリカやイギリスにも負けないくらい、強い国に成長したと思う。

ただ、とても残念なことに、わたしが天皇になってから大きな戦争がいくつも起きてしまった。わたしは天皇として、戦争のせきにん者となった。でも、本当は戦争なんてやりたくなかった。

西南戦争では、大切な部下だった西郷隆盛が死んでしまって、今でも思い出すと悲しくなる。

また、今の中国にあった清という国との日清戦争、ロシアとの日露戦争では、たくさんの人が命を落とすのを見て、とてもつらかった。

わたしは戦時中、寒い冬でもだんぼうを使わず、立ったまま仕事をした。だって、戦地の兵隊たちは、もっともっと寒く、つかれていただろうからね。

勝って戦争が終えられたのはうれしかったけれど、わたしは戦争なんか大きらいだったのだ。

きみへのメッセージ

わたしは和歌が大好きで、一生のうちによんだ和歌は十万首近くにもなる。これは、戦時中によんだ和歌だ。

「よもの海 みなはらからと 思ふ世に など波風のたちさわぐらむ」

世界の海はひとつなのに、なぜ争いが起きてしまうのだろうという意味だ。

わたしがねがった「争いのない平和な世界」を、ぜひきみたちの手でつくっていってほしい。

明治天皇

日本で最初の総理大臣になった！

伊藤博文

1841年〜1909年

明治時代の政治家。まずしい農民出身ながら、長州藩の「松下村塾」で学び、幕府をたおす運動に参加。明治政府の中心となり、日本初の内閣総理大臣となる。大日本帝国憲法をつくり、はじめて国会を開いた。

一八六三年。横浜の港から、5人の日本人を乗せたイギリスの船が出港しました。海外のようすをさぐるため、幕府にひみつでイギリス留学に出発した「長州ファイブ」とよばれる長州藩のわかものたちです。そのなかには、まだ身分の低い武士だった伊藤博文のす

がたもありました。言葉もまったく通じない外国へ、不安と希望をむねに旅立ったのです。

博文はこのあと、まるでいくつもの船を乗りつぐように、日本の近代化をめざして旅を続けることになります。

イギリスのロンドンに着いた博文は、英語を学びながら、博物館や美術館に通ってヨーロッパの文化も学びました。また、日本よりもはるかに進んだ海軍のしせつや工場などを見学するなかで、日本も早く国を開いて、外国と交流しなければと考えるようになりました。

イギリスまで4か月もかかる船旅のあいだ、博文たちは、船長に「航海術を学びに来た」とかんちがいされ、船員のようにこき使われていました。

長州ファイブ❶
伊藤博文

行くぜ！長州ファイブ！

長州ファイブ❺
野村弥吉（井上勝）
日本全国に鉄道をしく工事を進めた。

イギリス留学からもどった博文は、英語力と海外の知しきを生かして、明治の新政府のなかでしだいに活やくするようになります。

そして一八七一年、今度は百人をこえる「岩倉使節団」のメンバーとして、2年間にわたってアメリカとヨーロッパの12か国をまわり、日本にはない文化や産業を学びました。

このあいだに、幕末からともに新しい国づくりを進めてきた仲間が、つぎつぎとこの世を去りました。でも、悲しんでいる時間はありません。山のような仕事に必死で取り組むうち、いつのまにか博文は政府のトップへとのぼりつめていました。

　そして、国をおさめる決まりを定めた「憲法」をつくる仕事をまかされます。日本に合った憲法とは、いったいどんなものか。博文は、ほかの国の憲法を調べるため、またヨーロッパへと向かいます。

帰国した博文は、近代国家に必要なものとして、まず内閣制度をつくります。これは内閣総理大臣を中心に、いろいろな仕事をする役所をつくり、それぞれの役所の大臣とともに政治を行うという制度です。初代の内閣総理大臣に選ばれたのは……ほかでもない、博文自身でした！　英語力にすぐれていることと、外国との話し合いで活や

くしてきたことが、みとめられたのです。

そして、一八八九年、博文たちが苦労してつくりあげた大日本帝国憲法が、明治天皇により出されました。国会議員の選挙も行われ、議会政治もスタート。新しい「日本」という国が、いよいよ、世界の海へ船出したのです。

その後、どんどん産業を起こし、軍事力をつけていった日本は、外国とのいくつもの争いや戦争を経験することになります。

そして博文は、日本の韓国進出に反対するひとりの韓国人に暗殺されて、この世を去りました。

きみへのメッセージ

わたしは、ほとんどこの身ひとつでイギリスへわたり、自力で英語を学んだ。そうすることが、日本のはってんのために必要だと、信じていたからだ。みんなも、自分はなんのために勉強するのか、自分にとって今いちばん大切なことはなんなのかを、よく考えて生きるのだよ。

伊藤博文

文明開化が生んだベストセラー作家

福沢諭吉

1835年～1901年

江戸から明治時代にかけて活やくした、蘭学者、著述家、教育者。西洋の文化を日本に伝え、学問の大切さを説いた。身分に関係なく学べる慶應義塾をつくった。

1835年、その年、日本では農作物が実らず、人びとは食べるものに不自由していた。そんななか、諭吉はまずしい武士の家に生まれた。

2才で父をなくし、母とまずしくくらしていた諭吉は、子どもながらに、当時の日本社会にぎもんを感じていた。

能力のある人でも、一生身分が低く、まずしいままなんて、まちがっている！

父上…

福沢諭吉

ぼくは人よりもうんと勉強して、

かならずえらい人間になってみせるぞ！

GOoooo....

諭吉はなんでも自分でなっとくしないと気がすまない性格だった。形だけの決まりごとなんて、大きらい！

諭吉がまだ小さかったころ…

決まりごと
バキッ
諭吉！　おまえ、とのさまのお名前が書かれた紙をふみつけたな！

ごめんなさい…

そんなの、ただの紙きれじゃないか…ふん！

待てよ、じゃあ神だなのお札をふんだら、なにが起きるっていうんだ？

コレ
わはは！

ほらみろ、ふんだってなにも起こらないじゃないか！

BAKI! BAKI!

諭吉は、さらにそのお札を便所の用足しに使ってしまった!!

NOOOOOO～

WAO!

こんなぐあいに、当たり前といわれていることをうたがったり、なんでも正しいことを知りたがったりするせいは、子どものころから諭吉にそなわっていたものだった。

はは～

ありがたや～

ふふふ、だいじそうにおがんでるけど、それはただの石だよ！

本物

成長し、長崎で西洋の学問「蘭学」とオランダ語を学んだ諭吉は、あるとき、アメリカのペリーによって港が開かれた横浜を見物し、英語だらけの町に強いショックを受けた。
これからはオランダ語だ!
らん
がく
これからは英語ができないとダメだ!
THE MOST DIFFICULT ENGLISH TEXT BOOK
どれもこれも…読めない!
Rest
men
話も通じない!
Shock!!
がむしゃらに英語を学んだかいがあって、諭吉は25才のとき、アメリカにわたるチャンスを手に入れた。
Hello!
Hi!
サンフランシスコで、アメリカ人の家にまねかれた諭吉は、ここでまた大ショックを受けた!
!
GAAAN
片づけを、夫人ではなくご主人がしている!

ガチャ
女性のために、男性がドアを開けている！
さらに
GAAAAAN!!
こ、これは、日本とはまるであべこべだ!! 西洋では、いつも女性をだいじにあつかっている。日本のように、「男はえらくて、女はだめ」という考えは、古いのだ！
諭吉は、アメリカではじめて「レディファースト」というしゅうかんを知り、おおいにしげきを受けたのだ。
世界でもっとも進んでいる国の文化とはこういうものだと、
日本の人びとに知らせなければいけない！
このあと、諭吉は幕府の命令でヨーロッパにも行き、またしても多くのしげきを受けた。そして帰国後、アメリカやヨーロッパで見聞きしたこと、おどろいたことなど、西洋のようすを10冊にわたってくわしくしょうかいした本、『西洋事情』をしゅっぱんしたのだ！
西洋事情
WAO!

すごい！

政治や議会など、国のきほんとなるしくみも日本とはぜんぜんちがう！

西洋の文明はここまで進んでいるのか…

うーむ
『西洋事情』は、明治時代にはじまった「文明開化」のブームにのって、外国文化にあこがれる多くの人に読まれ、たちまちベストセラーとなった！

外国の文化が入り、日本のくらしは変わりつつある。今こそ、学ぶことの大切さをもっと多くの人に知ってもらわなければならん！

そう考えた諭吉は、次に『学問のすゝめ』をしゅっぱんする。

人間はみな平等であり、国民ひとりひとりが学び、自立することで国は一人前になれる！

学問のすゝめ
バーーーン!!

『学問のすゝめ』には、自分から学ぼうとする市民をふやしたいという諭吉の思いがこめられていた。そして、なんと当時10人にひとりが読むという、大ベストセラーとなったのだ！

ぼくも買います！

わたしも読むわ！

PANIC
諭吉は、人びとが学べる場所をつくることにも力をそそいでいた。1858年、身分に関係なく学びたい人が学べる「慶應義塾」のもととなる学校をスタートさせていたのだ。

学問

ドドーン
しかし、当時の政府である幕府と、地方で力をもつ藩が対立するなど、世の中は混乱していた。江戸も戦場となり、大砲の音が慶應義塾のすぐ近くにもひびいた。
ドドーン
先生！
大砲の音が近づいています！
きけんです！
わたしは授業をやめない。
世の中でなにが起ころうとも、
学ぶことをけっしてやめてはいけないのだ！
諭吉は、文明開化に大きな役わりを果たしただけでなく、学問の大切さを人びとに伝え続けた教育者でもあった。そんな明治のスーパーマンが「YUKICHI」その人なのだ!!
YUKICHI
10000
10000
きみへのメッセージ
「天は人の上に人を造らず人の下に人を造らず」。そもそも人は、みんな平等なのです。人生を左右するのは、才能でも身分でもない。学ぶか学ばないか、それだけです。どんなときも学ぼうとするしせいは、かならず、きみの人生を切り開いてくれるでしょう。
福沢諭吉

女性がかがやける社会をめざした「新しい女」

平塚らいてう

1886年～1971年

明治から昭和時代にかけて活やくした作家、評論家、社会運動家。一生を通じて、女性の自由とけんりのために活動した。戦後は、平和運動にも参加した。

明治女性の一生

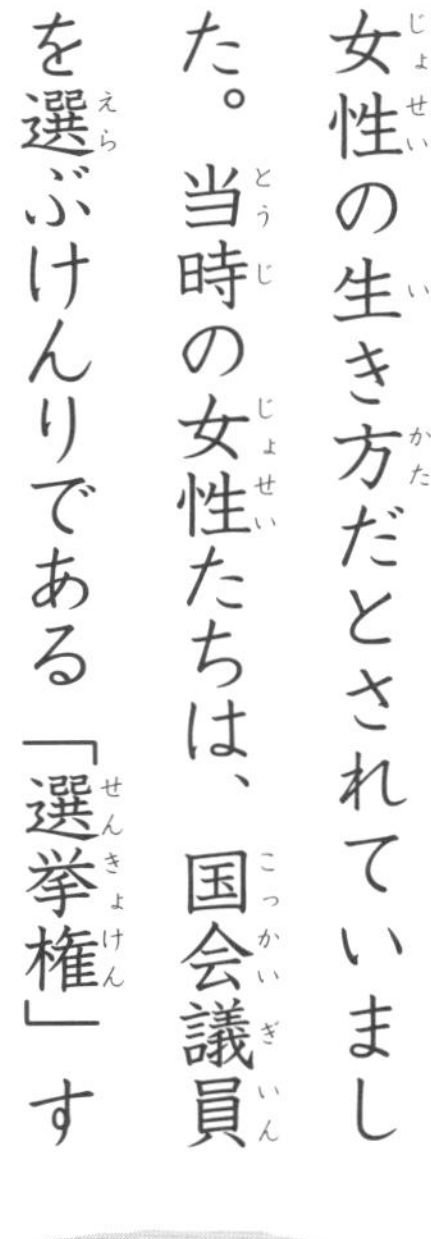

明治時代、世の中はめまぐるしい変化をとげました。でも女性だけはおいてきぼり。親のいいなりにけっこんして、夫や子どもにつくして一生を終える、それだけが女性の生き方だとされていました。当時の女性たちは、国会議員を選ぶけんりである「選挙権」す

ら、もっていなかったのです。

そんな時代に、「平塚明」というちょっと変わった少女がいました。自由にあこがれ、友だちと「海ぞく組」を名のって、なっとくできないことにはとことん反こう。自由へのあこがれは、成長するにつれてどんどん強くなっていきました。

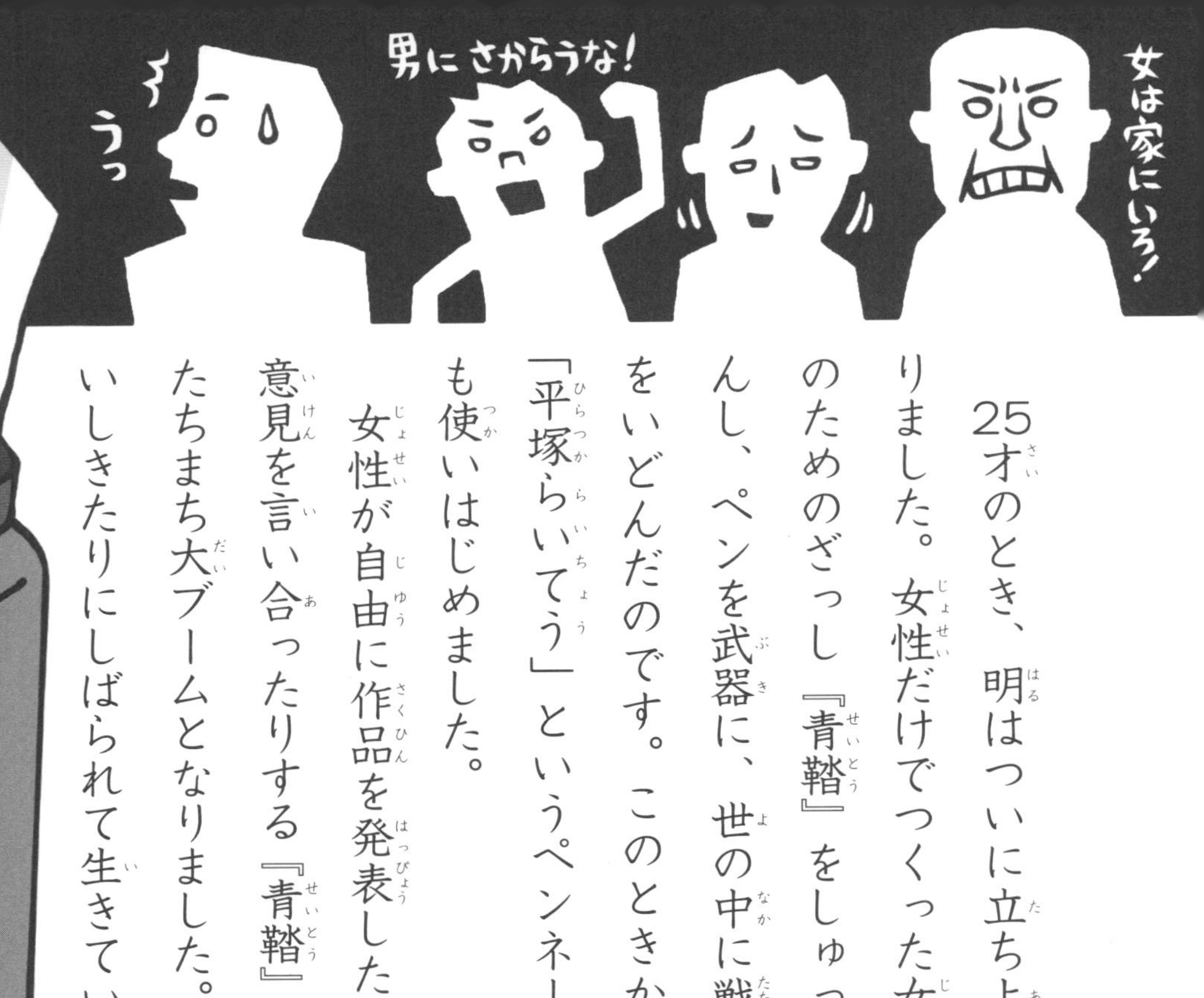

25才のとき、明はついに立ち上がりました。女性だけでつくった女性のためのざっし『青鞜』をしゅっぱんし、ペンを武器に、世の中に戦いをいどんだのです。このときから「平塚らいてう」というペンネームも使いはじめました。

女性が自由に作品を発表したり、意見を言い合ったりする『青鞜』は、たちまち大ブームとなりました。古いしきたりにしばられて生きていた

元始、女性は実に太陽であった。
真正の人であった。
今、女性は月である。他に依って
生き、他の光によって輝く、病人の
ような蒼白い顔の月である。
…私どもは隠されてしまった我が太
陽を今や取戻さねばならぬ。
平塚らいてう

女性たちに新しい生き方をしめし、勇気をあたえたのです。

一方で、「女が意見を言うなどけしからん！」と反発する人も多くいました。からかわれたり、新聞にいじわるな意見を書かれたりもしました。それでもらいてうは負けず、『青鞜』を5年ほど続けると、その後も女性の自由とけんりのため、さまざまな運動に参加していったのです。

らいてうは、ふだんのくらしでも、世の中をたびたびおどろかせました。何度か大恋愛をしたあとで、けっこんをしないまま年下で画家の奥村博史とくらしはじめたのです。あまりに自由な家族の形に、世間はびっくり！　でも、まわりの声などまったく気にしないらいてうは、ふたりの子どもにもめぐまれ、

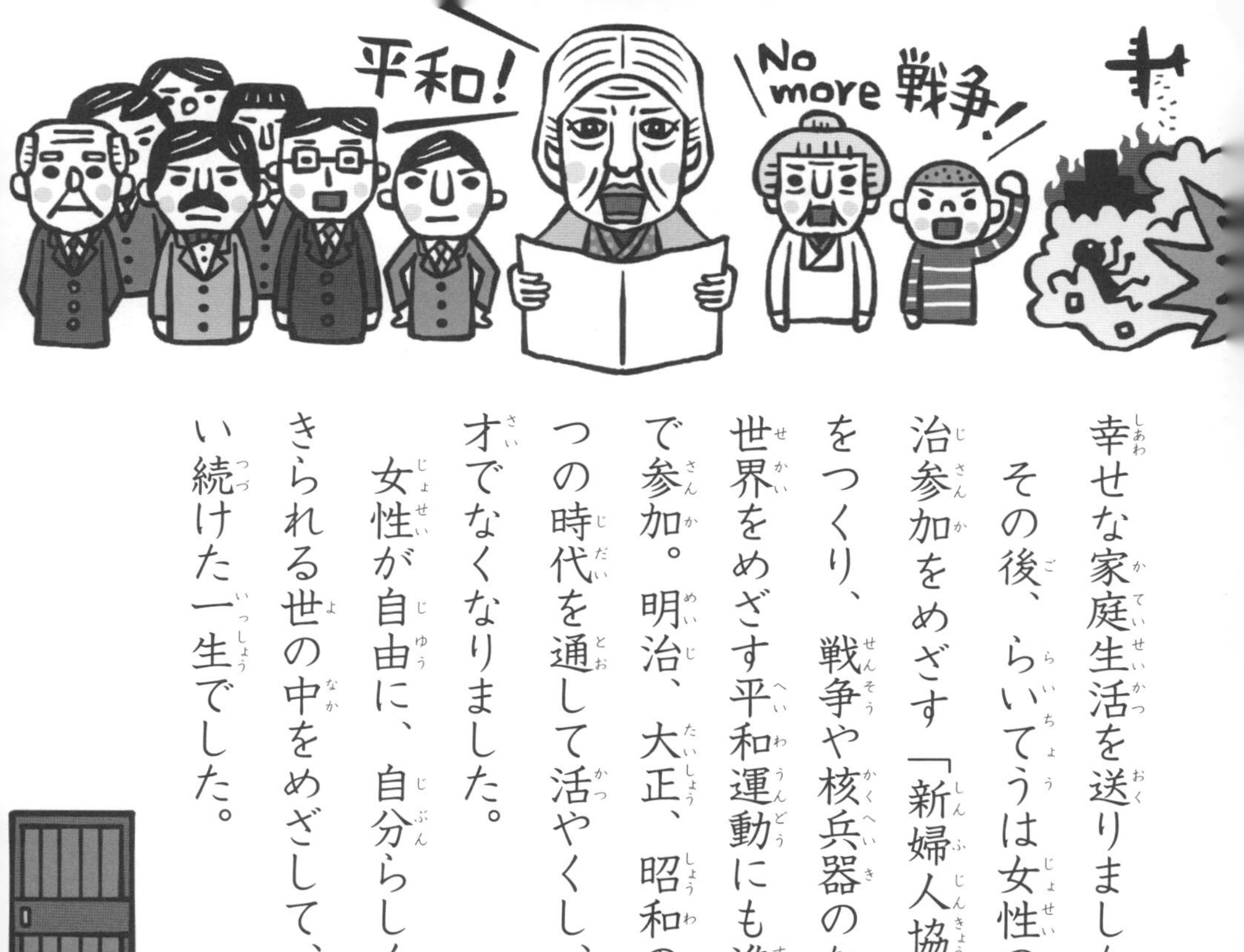

幸せな家庭生活を送りました。

その後、らいてうは女性の政治参加をめざす「新婦人協会」をつくり、戦争や核兵器のない世界をめざす平和運動にも進んで参加。明治、大正、昭和の3つの時代を通して活やくし、85才でなくなりました。

女性が自由に、自分らしく生きられる世の中をめざして、戦い続けた一生でした。

きみへのメッセージ

わたしのペンネームの「らいてう」は、生きもののあまりいない高山に一年中すみ、冬のきびしい寒さも美しい真っ白な冬羽でのりこえる「雷鳥」という鳥からとったの。どんなにつらいかんきょうでも、雷鳥のように、自分の意思をつらぬいて気高く生きていきたいわね。

平塚らいてう

女性にも選挙権

ようやく女性に選挙権があたえられたのは、1946年。らいてうが59才のときでした。

明治文化絵巻 ―新しい女たち―

明治時代になると、社会に決められた女性の生き方に反発する「新しい女」たちがあらわれます。自分の才能を生かして社会に立ち向かった、3人の女性たちをしょうかいしましょう。

歌集『みだれ髪』など、女性の心を自由に表現した和歌や詩をつぎつぎと発表して、多くの女性に勇気をあたえたわ。同じ歌人の与謝野鉄幹と恋をしてけっこん。女性の自立をうったえて、夫といっしょに日本ではじめての男女共学の学校「文化学院」もつくったのよ
与謝野晶子
1878年～1942年
わたしは6才でアメリカに留学して、11年間学んだわ。帰国してからは、教師として女性の教育に力をそそぎ、36才のとき、ふつうの女性が自由に学べる学校「女子英学塾」をつくったの。進歩的でレベルの高い授業がひょうばんになったわ。今も「津田塾大学」という名前で、たくさんの女性たちが学んでいるそうよ
Women's education!
津田梅子
1864年～1929年
みだれ髪

なやみながら生きた、日本文学を代表する作家

夏目漱石

1867年～1916年

明治から大正時代にかけて、『吾輩は猫である』『坊っちゃん』などベストセラー作品を多く発表した、日本を代表する作家。わかい作家たちにもしたわれた。

夏目漱石は、『吾輩は猫である』という小説で、作家としてデビューしました。

今回は、その作品の主人公であるねこになって、漱石に自伝を書いてもらいました。

『吾輩は夏目漱石である』

夏目漱石

わがはいは夏目漱石である。本名は夏目金之助という。

年を取った両親の8番目の子どもだったわたしは、生まれてすぐに、里子に出された。ところが、ざるの中に入れられ、店先におかれていたわたしのすがたを見た姉が、かわいそうにと家に連れて帰ってきたそうだ。

すると、今度は子どものいない塩原家の養

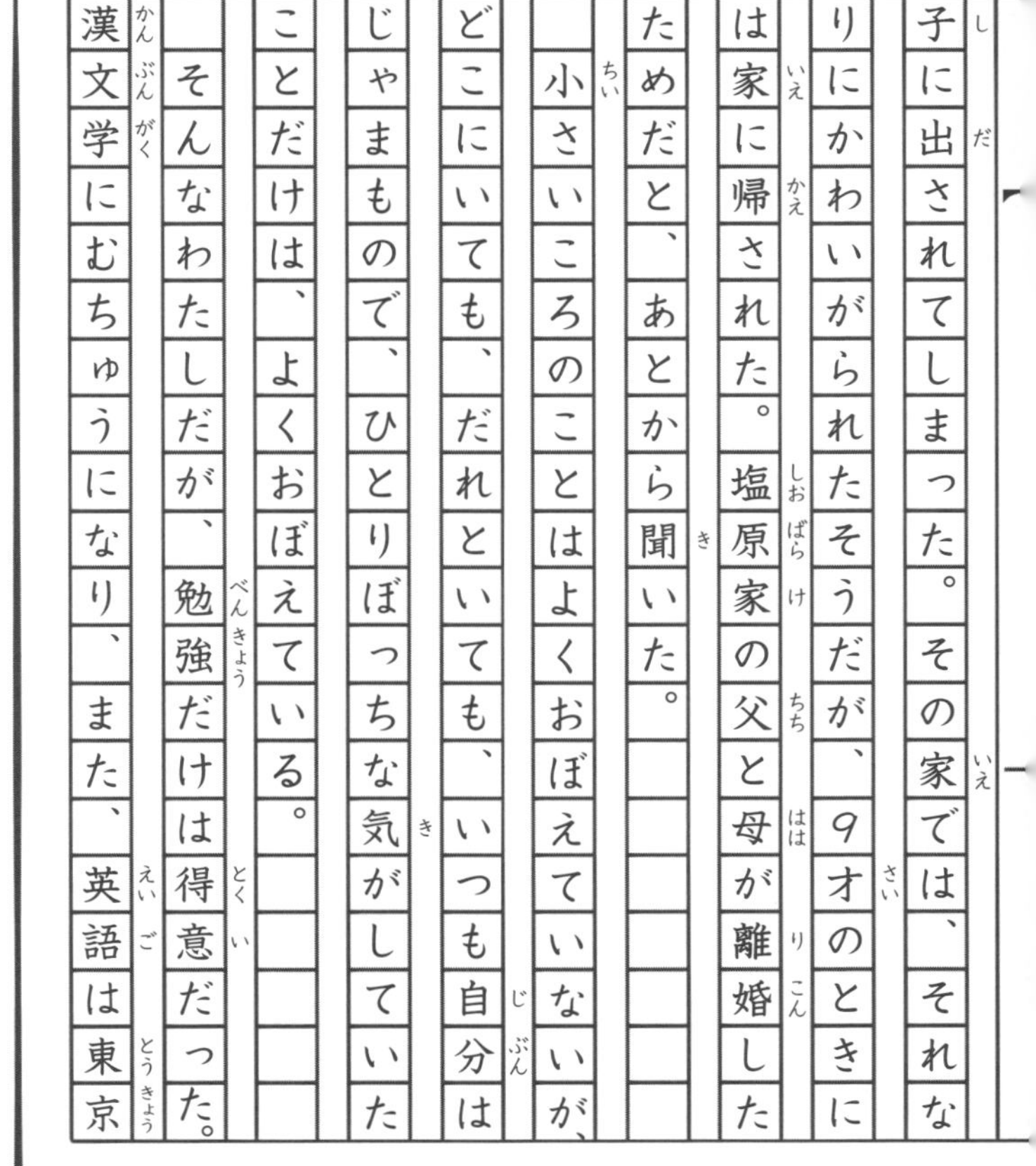

子に出されてしまった。その家では、それなりにかわいがられたそうだが、9才のときには家に帰された。塩原家の父と母が離婚したためだと、あとから聞いた。

小さいころのことはよくおぼえていないが、どこにいても、だれといても、いつも自分はじゃまもので、ひとりぼっちな気がしていたことだけは、よくおぼえている。

そんなわたしだが、勉強だけは得意だった。漢文学にむちゅうになり、また、英語は東京

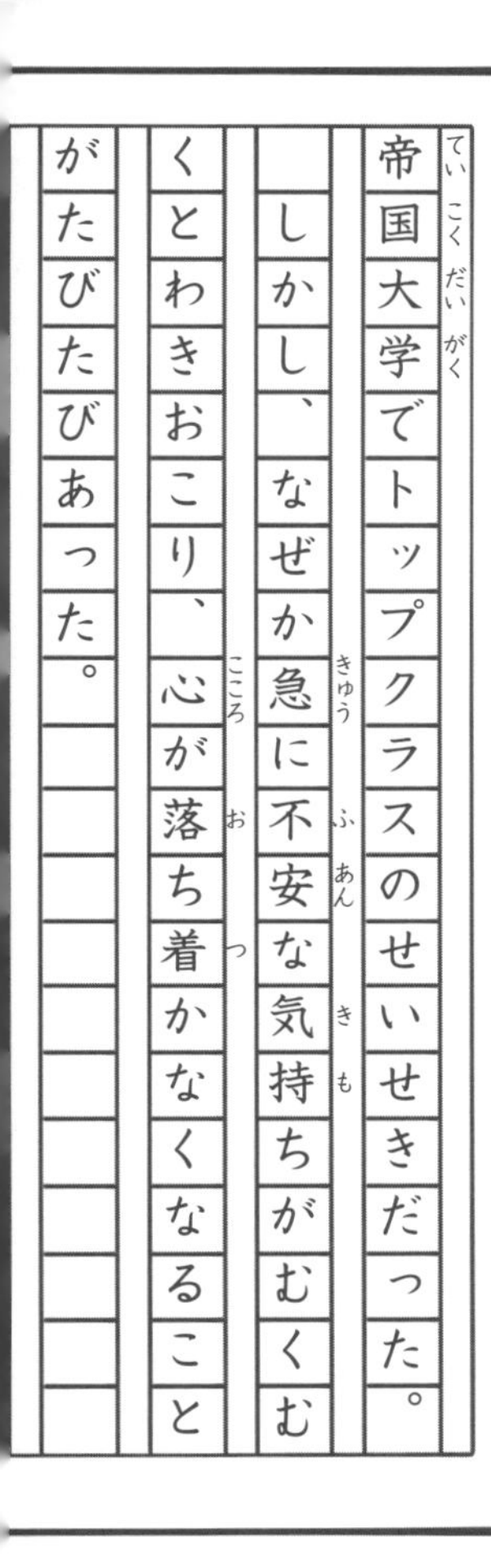

帝国大学でトップクラスのせいせきだった。

しかし、なぜか急に不安な気持ちがむくむくとわきおこり、心が落ち着かなくなることがたびたびあった。

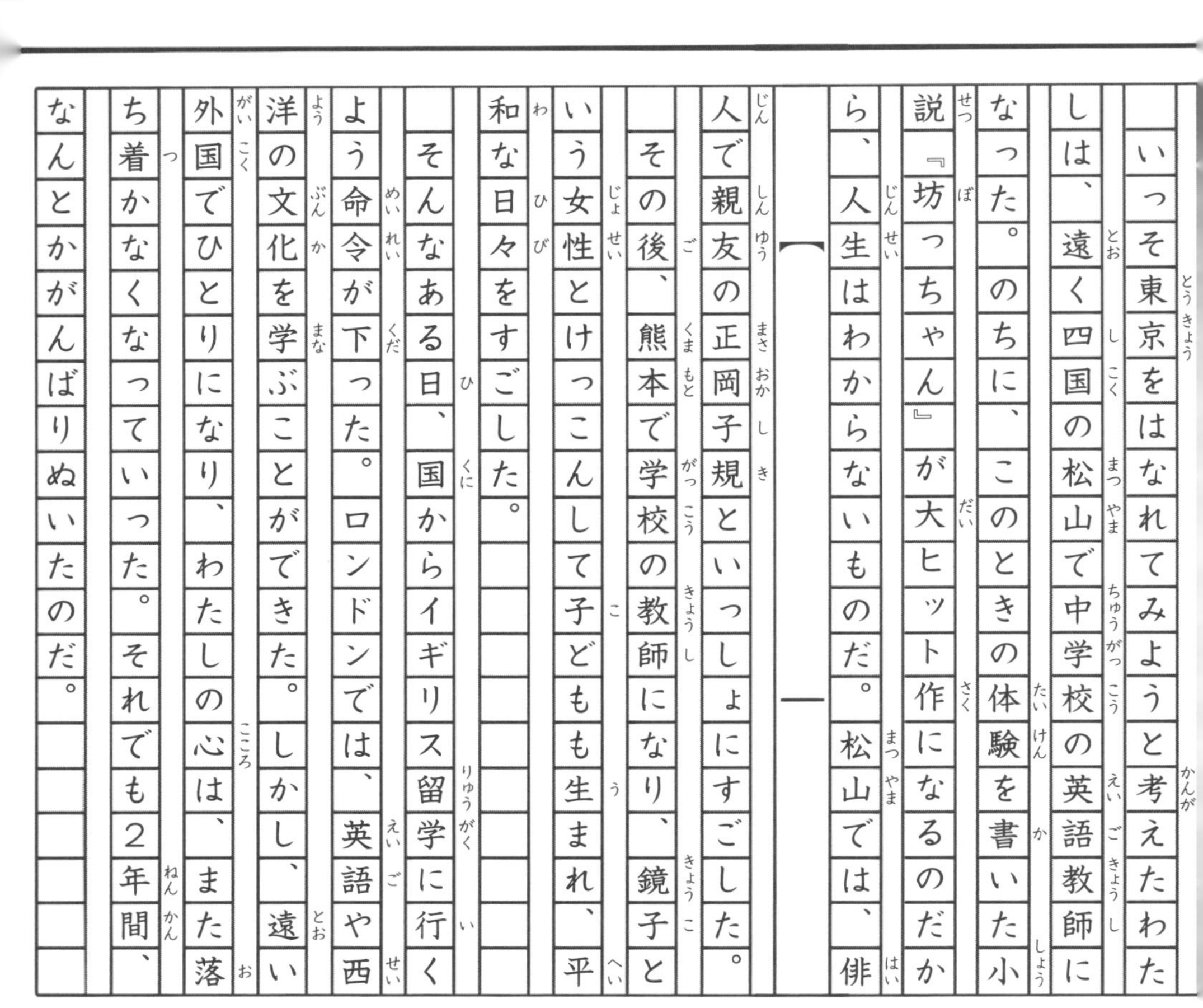

いっそ東京をはなれてみようと考えたわたしは、遠く四国の松山で中学校の英語教師になった。のちに、このときの体験を書いた小説『坊っちゃん』が大ヒット作になるのだから、人生はわからないものだ。松山では、俳人で親友の正岡子規といっしょにすごした。

その後、熊本で学校の教師になり、鏡子という女性とけっこんして子どもも生まれ、平和な日々をすごした。

そんなある日、国からイギリス留学に行くよう命令が下った。ロンドンでは、英語や西洋の文化を学ぶことができた。しかし、遠い外国でひとりになり、わたしの心は、また落ち着かなくなっていった。それでも2年間、なんとかがんばりぬいたのだ。

日本にもどったわたしは、東京帝国大学で英文学を教えることになった。だが、学生たちに英語を教えていても、わたしの心は晴れなかった。自分はなんのために生きているのだろう。そんなことばかり考えていた。

そんなときだ、家に子ねこがまよいこんできたのは。この子ねこがかわいくて、ながめているうちに、なんとなくねこを主人公に小説を書いてみたくなった。すると、どうだろう。自分の気持ちを文章にすることで、わたしの心はみるみる落ち着いていった。心の底から、書きたいことがどんどんあふれてくる。そして完成したのが『吾輩は猫である』だ。三十八才、おそい作家デビューだった。

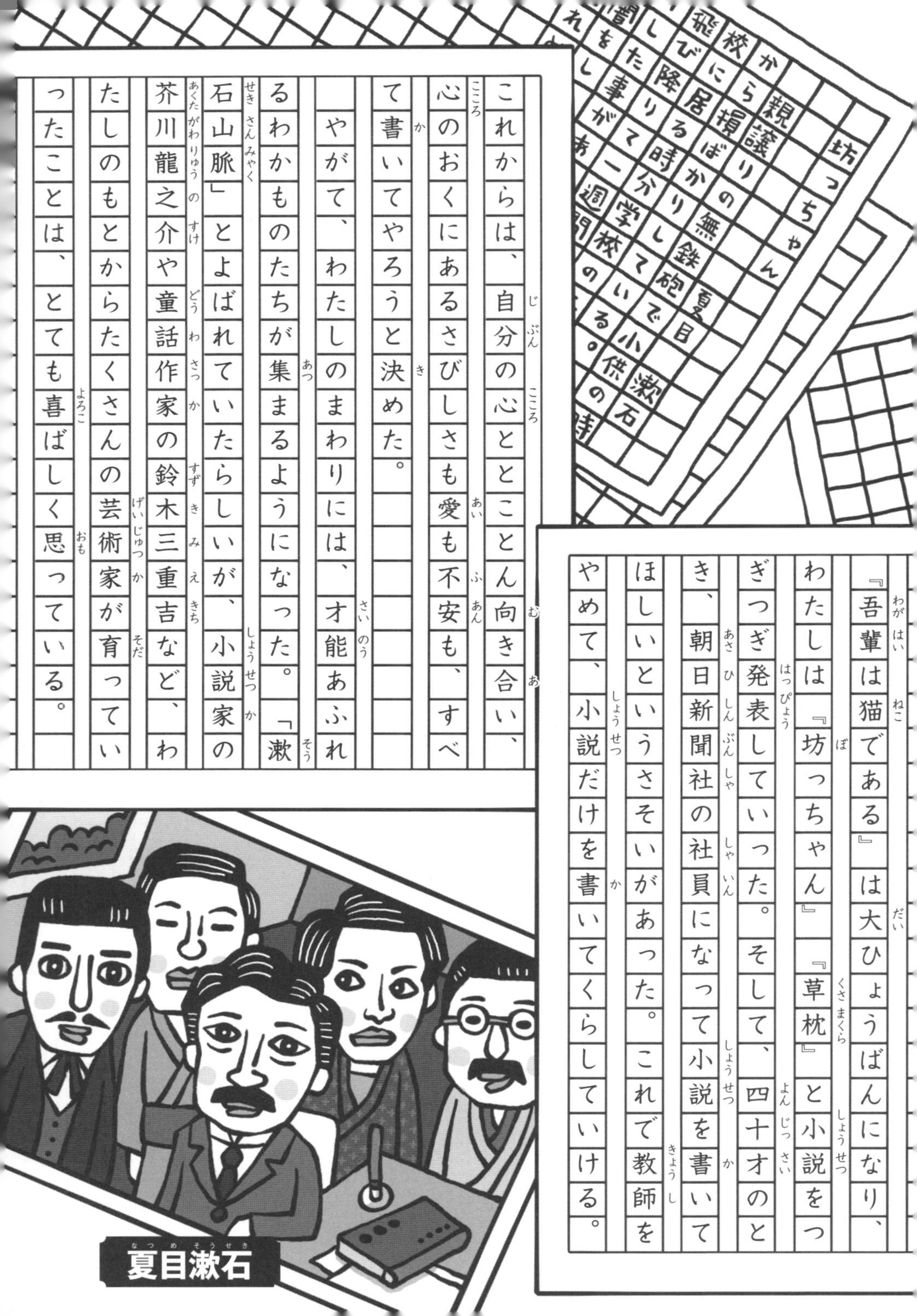

これからは、自分の心ととことん向き合い、心のおくにあるさびしさも愛も不安も、すべて書いてやろうと決めた。

やがて、わたしのまわりには、才能あふれるわかものたちが集まるようになった。「漱石山脈」とよばれていたらしいが、小説家の芥川龍之介や童話作家の鈴木三重吉など、わたしのもとからたくさんの芸術家が育っていったことは、とても喜ばしく思っている。

『吾輩は猫である』は大ひょうばんになり、わたしは『坊っちゃん』『草枕』と小説をつぎつぎ発表していった。そして、四十才のとき、朝日新聞社の社員になって小説を書いてほしいというさそいがあった。これで教師をやめて、小説だけを書いてくらしていける。

I Am a Cat
Sōseki Natsume
残念ながら、わたしは胃かいようをわずらい、血をはいて入院するようになり、四十九才で死んだ。小説を書いたのはわずか十年ほどだったが、今でも読みつがれていると聞きとてもうれしい。なやみの多い人生だったが、日本の近代文学を代表する作家になれたのだから、生きた意味があったのだろう。
完
夏目漱石は、その活やくをたたえられ、のちに千円札に顔がのせられました。
きみへのメッセージ
自分が生きる目的は、だれかにつくってもらうものではなく、自分で見つけるものだ。そのためには、自分としっかり向き合い、ときには深くなやむことも大切なのだ。
夏目漱石
1000
SK000000E
日本銀行券
千円
1000
日本銀行
100
五円
500
平成00年
1
50
10
平成00年

近代文学絵巻
―ユニークな作家たち―

明治時代から登場した、日本の近代文学を代表する作家たちには、ユニークな人物がたくさんいます。エピソードとともに、何人かしょうかいしましょう。

太宰治
1909年～1948年
小説家。人間の心理をするどくえがく重いテーマのものから、明るくユーモラスなものまで、さまざまな作風をもつ。代表作は『走れメロス』『斜陽』『人間失格』など。

森鷗外
1862年～1922年
小説家であり、医者でもある。『舞姫』『山椒大夫』などの小説を書いたり、外国の文学作品を美しい日本語に訳して発表したりするなど、さまざまな形で日本文学にえいきょうをあたえた。

おふろが大きらいで、
めったに入らなかったんだ
蜘蛛の糸
じごくにいるカンダタは、ごくらくからおしゃかさまがたらしたクモの糸を上って、じごくから出ようとする。しかし、ほかの人も糸を上りはじめ、糸が切れるのをおそれたカンダタは…？
何度も自殺しようとしたり、おくさん以外の女性といっしょに死のうとしたりして、家族やまわりの人にめいわくをかけたよ…
芥川龍之介
1892年～1927年
小説家。小学生のときから文学の才能があり、20代半ばには人気作家となる。短い小説が得意で、子ども向けの作品も多く書いた。代表作は、『羅生門』『蜘蛛の糸』『河童』など。
銀河鉄道の夜
不幸な少年ジョバンニは、星祭りの夜に友人のカムパネラとふしぎな列車「銀河鉄道」に乗り、宇宙を旅する。最後にたどりついたのは…？
宮沢賢治
1896年～1933年
詩人・童話作家。『銀河鉄道の夜』『注文の多い料理店』などの童話や詩を書いたが、その多くは、なくなったあとでしゅっぱんされた。ふるさとの岩手県で教師としてはたらき、生徒に農業を教えていた。

明治時代〜大正時代ってこんな時代！

長く続いた徳川幕府による武士中心の政治が終わり、生まれ変わった日本。新しくできた明治政府は、西洋の進んだ国ぐにをお手本に、強い国づくりにのりだします。やがて海外にも進出するようになると、外国との争いも起こるようになります。

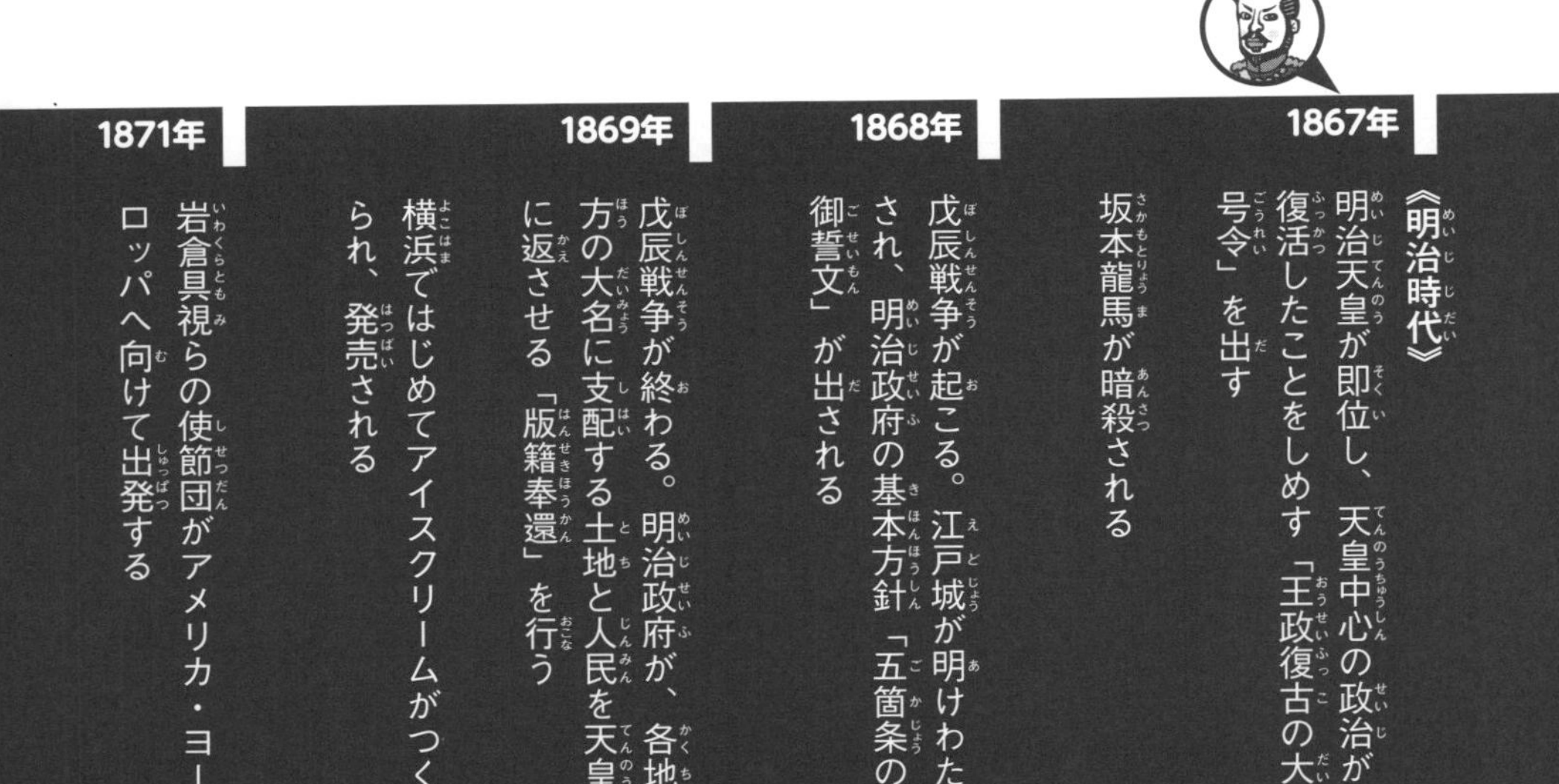

1867年
《明治時代》
明治天皇が即位し、天皇中心の政治が復活したことをしめす「王政復古の大号令」を出す
坂本龍馬が暗殺される
1868年
戊辰戦争が起こる。江戸城が明けわたされ、明治政府の基本方針「五箇条の御誓文」が出される
1869年
戊辰戦争が終わる。明治政府が、各地方の大名に支配する土地と人民を天皇に返させる「版籍奉還」を行う
横浜ではじめてアイスクリームがつくられ、発売される
1871年
岩倉具視らの使節団がアメリカ・ヨーロッパへ向けて出発する

岩倉使節団の目的は？

明治政府の岩倉具視、大久保利通、伊藤博文ら100人ほどが、2年間にわたってアメリカやヨーロッパをまわりました。幕末に結んだ不平等な条約を変えるための話し合いや、西洋の政治、産業、文化を学ぶなどの目的がありました。

旧幕府軍の最後のていこう！　戊辰戦争

戊辰戦争とは、明治政府が徳川慶喜の地位をうばい、支配地をへらしたことに旧幕府軍がおこり、明治政府に対して「王政復古の大号令」の取り下げを求めて起こした戦いのこと。政府軍の西郷隆盛と旧幕府軍の勝海舟の話し合いにより、江戸での大きな戦いはさけられましたが、その後も東北などで両軍がぶつかりました。北海道で起こった「五稜郭の戦い」を最後に、旧幕府軍の負けが決まりました。

名字ができた！

1875年、江戸時代には武士しか名のることがゆるされなかった名字を、国民全員が名のることが決められました。どんな名字にするかは自由！　江戸時代より前についていた名字をふたたびつける人、住んでいる場所の地名を名字にする人、お寺のおぼうさんにつけてもらう人、自分で考える人など、さまざまだったようです。

1872年

版籍奉還後も、藩ごとにバラバラの政治が行われていたため、藩をやめて新しく3府302県をおく「廃藩置県」が行われる

「まげを結わなくてもよい」「士族でも刀を持たなくてよい」などの決まりを定めた「散髪脱刀令」が出される

東京（新橋）と横浜のあいだに鉄道が開通する

アメリカから野球が伝わる

富岡製糸場ができる

全国に学校をつくる決まりの「学制」がつくられ、男女とも6才になると小学校で教育を受けることになる

福沢諭吉が『学問のすゝめ』を書く

近代日本産業のシンボル「富岡製糸場」

明治政府が群馬県富岡に建てた生糸をつくる大きな工場としせつで、全国から集められた女子工員がはたらきました。日本の産業の近代化を進めただけでなく、多くのぎじゅつ者を育てて全国に送り出し、またすぐれた生糸を生産して世界中に輸出したため、日本のひょうばんを上げました。

鹿鳴館でダンス外交!?

1883年、東京にレンガづくりの洋館「鹿鳴館」が完成しました。日本の文明化を外国にアピールするための社交場として政府が建てたもので、外国人をまねいたダンスパーティーが毎夜のように開かれました。しかし、西洋のマナーを心得ている日本人は少なく、外国人からは笑われ、国民からはひはんされ、しだいにおとろえました。

1873年	20才以上の男子はみな一定期間軍隊に入る「徴兵制」がはじまる
	日本ではじめての銀行「第一国立銀行」ができ、渋沢栄一が頭取となる
1874年	もとは武士だった「士族」による「佐賀の乱」が起こる
1877年	九州地方で西郷隆盛を中心とした士族たちの反乱「西南戦争」が起こり、西郷隆盛が自ら命をたつ
1881年	板垣退助らが日本で最初の近代的な政党「自由党」をつくる
1882年	東京の上野公園に日本ではじめての動物園ができる
1885年	内閣ができ、伊藤博文が初代内閣総理大臣になる
1889年	天皇が国を治めることを定めた「大日本帝国憲法」ができる

士族はなぜ反乱を起こしたの？

士族とは、もともと武士だった人たちのこと。明治政府では、元長州藩など一部の者だけが活やくし、ほかの士族たちは武士の身分を取り上げられ、生活も苦しくなっていました。このため政府への不満が高まり、各地で士族の反乱がたびたび起こりました。その最大のものが、西郷隆盛が起こした「西南戦争」です。

日本人の西洋スポーツデビュー！

明治時代には西洋式のスポーツも行われるようになりました。最初に人気が出たのは野球。東京の大学でアメリカ人の先生がはじめ、その後「玉遊び」「打球おにごっこ」などの名前で全国に伝わりました。ほかにテニスや水泳なども広まり、1912年にはオリンピックにも初参加。参加したふたりともともちゅうでリタイアしましたが、日本は晴れて国際スポーツ界へのデビューを果たしたのです。

1890年	はじめての選挙が行われ、選ばれた議員たちによってはじめての国会「第一回帝国議会」が開かれる
1894年	当時の中国・清とのあいだで日清戦争が起こる
1904年	ロシアとのあいだで日露戦争が起こる
1905年	夏目漱石が『吾輩は猫である』を発表
1910年	韓国をせんりょうする
1910年	東京・浅草に日本初のラーメン店ができる
1911年	平塚らいてうが女性による月刊誌『青鞜』の発行をはじめる
1912年	明治天皇がなくなり、大正天皇が即位する

日清・日露戦争ってなに？

日清戦争は、中国にあった清と日本が朝鮮を取りあって起きた戦争です。日本が勝ち、朝鮮だけでなく、そのとなりの遼東半島も、たくさんのお金とともに手に入れました。でもじつは、遼東半島はロシアも以前からほしかった場所。ロシアは遼東半島を清に返すよう日本にせまります。日本がしかたなくそれにしたがうと、今度はロシアが清から遼東半島の一部を借りたため、日本はおこり、ロシアと対立します。その後、ロシアは満州（中国東北部）や朝鮮にも力をのばしたため、日本はロシアへ戦いをいどみ、日露戦争が起きました。日本は勝利まであと一歩でしたが、結局決着はつかず、アメリカがあいだをとりもつ形で終わりました。

外国人から見た日本…小泉八雲（1850年～1904年）

わたしの名前はラフカディオ・ハーン。ギリシャ生まれのアイルランド人だ。アメリカで新聞記者をしていたわたしは、日本の記事を書くため、文明開化まっさかりの日本にやってきた。だれもがあたたかい心をもち、自然を愛し、古い伝統や文化を大切にする日本という国を、わたしは大好きになった。ついには、日本人の小泉セツさんとけっこんして日本人になり、小泉八雲という名前までつけた。『雪女』など、日本の昔話をもとにわたしが書いた『怪談』は、今でも世界中で読まれている。

《大正時代》

1914年
第一次世界大戦が起こり、日本はドイツに対して戦争を起こすことを告げる「宣戦布告」を出す

1918年
第一次世界大戦が終わる

1920年
世界の国どうしの争いをかいけつし、世界の平和を守ろうとするそしき「国際連盟」がつくられ、日本も参加する

1923年
関東大震災が起こり、多くのひがいが出る

1925年
25才以上の男子が選挙に参加できることを定めた「普通選挙法」ができる
日本で最初のラジオ放送がはじまる

西洋がまっぷたつ！　第一次世界大戦

1914年から4年間にわたり、ヨーロッパを中心に30以上もの国がふたつに分かれて争った戦争。日本はイギリスと日英同盟を結んでいたため、イギリス側について参戦し、相手国のひとつであるドイツの植民地だった中国の青島にせめこみました。

関東大震災は、どんな災害？

1923年9月1日の正午ごろに、関東地方で起きた大地震。とくに東京と神奈川で、家がたおれたり大火事が起きたりしたために、死者と行方不明者が10万人以上にものぼる大きなひがいが出ました。

今につながる大正・昭和のすごい人

第5章

500もの会社づくりにかかわった、日本経済の父

渋沢栄一

1840年〜1931年

明治から大正のはじめにかけて活やくした実業家。江戸幕府や明治政府ではたらいたのち、日本初の銀行「第一国立銀行」を設立し、さらに多くの株式会社、教育機関などの設立にかかわった。

みんなのお父さんやお母さんには「会社ではたらいている」という人もいるでしょう。会社にもいろいろな形がありますが、今、日本にある会社の多くは「株式会社」とよばれています。この株式会社を日本ではじめてつくったのが、渋沢栄一です。まずは株式会社がどんなものなのか、知っておきましょう。

what's株式会社？
株式会社ができるまで
ここに、会社をつくりたいひとりの男がいました。
大きな会社をつくって、この商品を売り出したい！
しかしかれには、会社をつくるためのお金がありませんでした。
こんな会社をつくりますので、お金を出してもらえませんか？
お手伝いロボ こまわりくん
なんでわしらが？

そう、株式会社とは、お金がなくてもぎじゅつやアイデアのある人が会社をつくり、新しいビジネスを起こせるしくみなのです。

国のはってんを大きく助けるこのしくみを、渋沢栄一という人は、どのようにして日本に取り入れていったのでしょうか。

ヒストリー

スタート

①栄一は、商売の上手な大地主の家に生まれ、5才で読書をはじめるなど、とてもかしこい子どもでした。

②やがて栄一は、ひとりで原料の仕入れにも行くようになります。

もう少し安くしてもらえませんか？

やるわねえ

③江戸に出て徳川家の家来となった栄一は、27才で将軍の弟につきそってパリにわたります。

文化も産業も軍事力も、日本よりはるかに進んでいる！

ゆたかな農家に生まれ、子どものころから商売の才能があった栄一。しかし西洋の社会を見てからは、「自分のもうけばかりを考える社会や、農業だけが中心の社会ではダメだ。商売人は協力して、社会の役に立つ会社をつくり、国全体をゆた

④
わたしたちのような「商売人」が、西洋ではそんけいされ、社会の中心にいる！
なんと…

⑤当時の日本の身分制度では、商人は自分のもうけばかり求める、いやしいそんざいとされていました。

high
士（武士）
農（農民）
工（職人）
商（商人）
low

かれはこうして株式
渋沢栄一
かにしていかなければ」と強く思うようになります。そして、あらゆる商売のきほんとなる銀行をつくりました。それからも、日本の社会がゆたかになるために必要だと思うものを株式会社にして、どんどん世に送り出していったのです。
⑥
ヨーロッパでは、商売はりっぱなビジネスとしてみとめられている。商売をする会社がもうけを出して、たくさん税金をおさめるからこそ、国がゆたかになるんだ!

会社
⑦
帰国した栄一は、明治政府にまねかれ、「物ではなくお金で税金をおさめる」「物の単位をそろえる」などの改革を行いました。
ぜひ、国の役人に!
政府
は、はい
⑧
しかし、役所の中には悪いことも平気でする役人たちがいました。かれらとの仕事がいやになった栄一は、33才のときに役人をやめます。

そんけいされる商売人になるため!
⑨
これからは、みんながもっとお金を信用することが大切だと考えた栄一は、お札を発行できる銀行をつくるよう、政府などにはたらきかけます。
⑩
(株)第一国立銀行!
そして、日本で最初の銀行となる第一国立銀行(今の「みずほ銀行」)を設立したのでした。
やったー
ついに、日本初の株式会社ができたぞ!!

その後、栄一が設立にかかわった株式会社は、なんと500社以上！　日本郵船、王子製紙、東洋紡績、帝国ホテル、京阪電気鉄道、東京証券取引所、キリンビールなど。どれも今の日本をささえている大きな会社ばかりです。

　さらに、社会活動にも熱心だった栄一は、会社だけでなく、日本赤十字社などの医りょう関係の団

体や、一橋大学、同志社大学、東京女学館など、さまざまな学校の設立にもかかわりました。

まさに今の日本のきそをつくったともいえる渋沢栄一。けれども「90才になろうとする今まで生きて、いろいろな仕事を手がけたが、満足できる仕事はあまりに少ない」という言葉を残し、91才でなくなりました。

きみへのメッセージ

自分ひとりがどれだけ成功してゆたかになっても、社会全体がびんぼうだったら自分の幸せもないと、わたしは思います。きみたちがしょうらいどんな仕事につこうとも、社会の役に立つことがその仕事の目的にふくまれていなければ、そこには本当の楽しさやりがいはありません。このことをぜひ、おぼえておいてください。

渋沢栄一

戦争の時代、話し合いを大切にした悲げきの首相

犬養 毅

1855年～1932年

新聞記者から政治家になり、明治、大正、昭和時代にかけて活やく。立憲政治のために力をつくし、1931年には第29代内閣総理大臣となるが、その次の年、「五・一五事件」でわかい軍人によって暗殺された。

日本が軍隊を強くして、世界へ出ていこうとしていた時代。戦争へ向かってつき進む流れのなかで、武力よりも話し合いで問題をかいけつする立場をつらぬいた政治家がいました。憲法にそった清く正しい政治をめざし、人びとに求められて総理大臣にまでなった、犬養毅その人です。

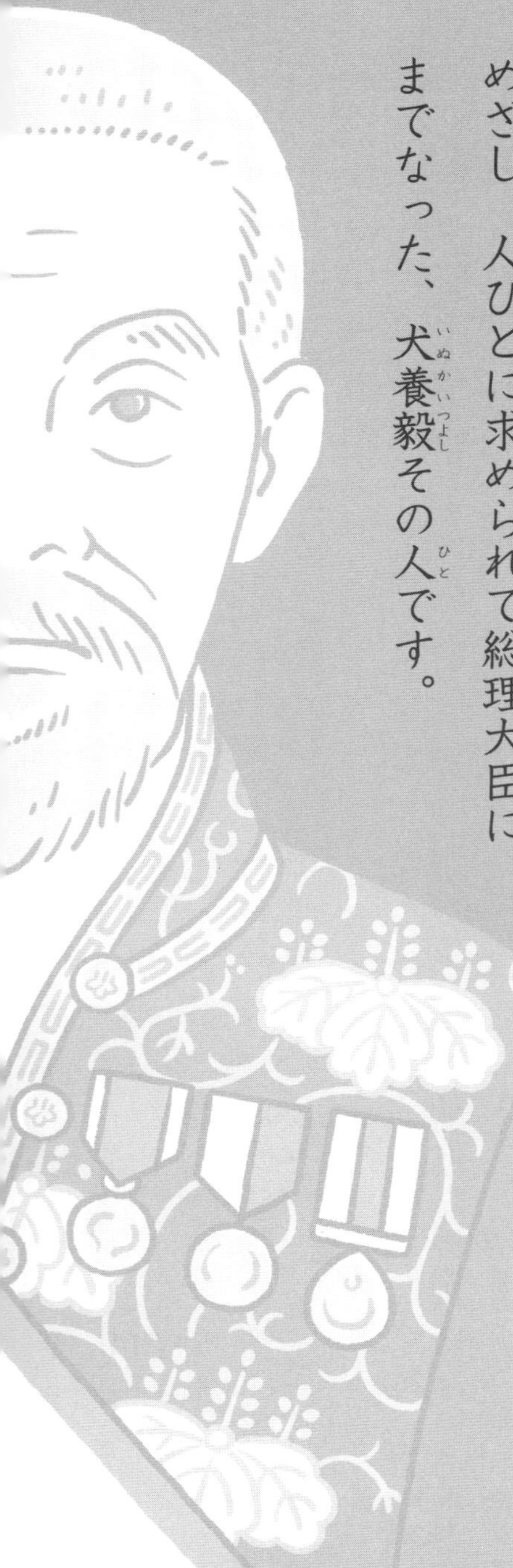

満州のこともあるし、問題は山積みだ…

しお

さとう

うへっ しょっぱい！

犬養が総理大臣になる少し前、日本が支配していた中国の満州で、「満州事変」という事件が起きていた。

日本軍が、政府のゆるしがないまま満州の鉄道をばくはし、それを中国軍のしわざだといって、中国に戦争をしかけようとしたのだ。

まずしい生活で不満のたまっていた国民たちは、この日本軍の言い分を信じてしまう。そして「中国はてきだ！」という思いが、全国で高まっていった。

中国と戦え！

中国と話し合い、戦争だけはなんとしてもさけなければ。そして政府の力で、日本の悪い空気をよくしなければならない…
この日は休日だったため、警備員も家族も出はらっていた。犬養の鼻のちりょうをする医者だけが、やしきにまねかれていた。
体調はいかがですか?
ああ、だいじょうぶだ。よろしくたのむよ

わたしは新聞記者から政治家になり、これまで42年間、「憲法を守り、ルールにのっとって政治をする」という立憲政治の理想をずっと守ってきた
立憲政治!
ところが、日本の経済が悪くなってきたころから、軍人のあいだで「このまま政治家にまかせていては、日本がダメになる。軍が中心の政治に変えよう」という動きが出てきた
軍が政治の中心になるべき!!
しかし、軍人が政治を動かすことになったら、これまで立憲政治がきずいてきたルールはどうなる? 一度ルールをすてしまったら、「話し合い」で成り立つ立憲政治は二度と行われず、「武力」で支配するようになってしまうだろう…

そうだ!! 戦争だ!!
じっさい、苦しい生活をしている国民からも、立憲政治よりも、国をゆたかにするために、戦争で領土を広げるほうがいいという声があがっている…

武力
話し合い
うう…

犬養首相、どうかされましたか?
あ、いや、だいじょうぶだ。元気すぎて、あと百年は生きられそうだよ
ははは

しかし、運命の時はおとずれた…。
カチカチ
ドカドカドカ…
バタン
とつぜん、数人のわかものが、ピストルをかまえて犬養のいる部屋に入ってきた！
中国との戦争に反対する犬養を殺そうとやってきた、わかい軍人たちだった！
おまえが犬養か!!
そうだ
かくごしろ！
カチッ
たまたまそのピストルは不発だった。
くそっ
このような場面でありながら、犬養は少しもあわてなかった。
まあ待て、話せばわかることだ。とにかく応接室で話を聞こうじゃないか
なんと、犬養はテロリストたちを客間へと案内したのである！

犬養は、自分の考えや、これからの日本のあり方などを、かれらに話そうとしていた。しかし…

問答無用だ！うて！うて！

バン
そのとき裏口からとびこんできた別の軍人が、応接室に入るやいなや、犬養をうった！

バキューーン
使用人たちがかけつけたとき、犬養は血を流しながらもこう言ったという。

今うった男をつれてこい。よく話して聞かすから…

ガクッ
首相！

「話せばわかる」…。

政治でも話し合いとルールを大切にした、犬養らしい最期だった…。

5月15日に起きたこの暗殺事件は「五・一五事件」とよばれ、国内に大きなショックをもたらしました。しかし事件を起こした軍人たちは、軍部の法律でさばかれたため軽い刑ですんでしまいます。このように、武力でものごとをかいけつする軍部のやり方をおそれた政治家たちは、軍部に反対する意見が言えなくなってしまいました。新聞社も軍部の味方をする記事ばかりを書きはじめ、軍部の力はだれにも止められなくなりました。

こうして日本は、犬養の死をきっかけに、さらに大きな戦争へとつき進んでいったのです。

きみへのメッセージ

武器によって相手をおどして言うことを聞かせたり、殺したりするのはかんたんだ。しかしわたしは、むずかしくても、いっしょうけんめい頭を使って話し合いを続けたほうがいいと思うのだ。そうすれば、だれにとっても幸せな結果にたどりつけるはずだ。きみたちは、どう思うかな?

犬養毅

そして、戦争がはじまる

大正時代、世界の国がふたつに分かれて戦った、第一次世界大戦が起こりました。アメリカとイギリスを中心とした連合国の側に日本もついて戦いましたが、勝っても日本の要求は聞き入れられず、連合国との関係は悪くなっていきました。

昭和の時代になると、日本を強くしようという軍部の力はさらに大きくなりました。中国と

の日中戦争、そして第二次世界大戦がはじまり、日本は連合国のてきとして戦うことになります。多くの日本人が海外の戦地へ向かい、なくなりました。日本にも爆弾が落とされ、国民の生活はまずしくなり、米やさとう、たまごもめったに食べられなくなりました。戦争が長引くにつれ、日本は国の力を失っていきました。

そして広島と長崎にアメリカの原子爆弾が落とされ、日本は敗戦をむかえるのでした。

戦後日本をみちびいた「やんちゃ総理」

吉田茂

1878年～1967年

明治時代の終わりから外交官としてはたらき、アジア・太平洋戦争中は戦争反対の立場で活動。終戦後、1946年に第45代内閣総理大臣となり、日本国憲法制定など、日本社会の立て直しにつとめた。

戦争に負けた日本は、アメリカをはじめとした勝った国でつくられた連合国軍の支配を受けることになりました。一部の政治家や軍部だけでものごとを決めていた日本の政治は、大きく変わらなければなりませんでした。そんな時期に活やくしたのが、政治家・吉田茂です。

67才で総理大臣となった吉田茂は、戦

後の不安だらけの日本を、ときに強引ともいわれるやり方で立ち直らせていったのです。

吉田総理、たんじょう!

毎朝新聞
1946年
○月○日
号外

5月22日、これまで外務大臣をつとめていた吉田茂氏が、内閣総理大臣につくことが決まった。戦時中、海外で役人としてはたらいていた吉田氏は、もともと軍部中心の政治に反対していた。総理になってからは、外国との関係をだいじにした国づくりに力をつくしてくれるだろうと、期待されている。

吉田茂は、連合国によってつくられた組織「GHQ」の指示にもとづき、改革をはじめました。「国のことは国民が決める」と定めた新しい憲法「日本国憲法」を制定したり、まずしい農民に安く土地を分配したりするなど、国民のためになる取り組みを進めました。

吉田は、GHQに対し「言うべきことは言うが、あとはいさぎよくしたがう」というたいどをつらぬきました。このため、GHQからはきらわれ、吉田に反発する政治家からは「アメリカの言いなりだ！」とひはんされま

した。しかし、変わるべきときをむかえていた戦後日本の政治を、なんとか前に進めていくことができたのは、かれの強気な決断力があったからこそだったのです。

首相、GHQに「早く帰れ！」

吉田首相の口から、おどろくべき言葉がとびだした。GHQといっしょに新しい憲法をつくることをよく思わない議員たちに向かって、「GHQってのは〝Go Home quickly〟『さっさと（アメリカへ）帰れ』の略じゃないのか？」と発言したのである。本来、「GHQ」は、「連合国軍最高司令官総司令部」の略（General Headquarters）。しかしGHQと協力しなければならない立場の首相は、ジョークの中に「もう帰ってほしい」という本音をふくませた。そうしてGHQのせんりょうにイライラをつのらせている人びとによりそうたいどをしめしたのだ。

サンフランシスコ講和条約調印

8日、アメリカ・サンフランシスコにて、吉田首相がついに第二次世界大戦で戦った連合国の国ぐにと、平和条約を結んだ。アメリカなど一部の国とだけ関係をよくする形となったため、ひなんする声もあった。しかし、この条約がじっさいに生かされるようになれば、日本は連合国軍の支配からかいほうされ、独立をとりもどせるだろう。吉田首相の決断力に、国民の多くがはくしゅをおくった。

カメラマンに水をかけ

しつこい写真さつえいに首相のいかりばくはつ！

吉田茂は「バカヤロー解散」後もふくめ、5回も総理大臣となり、85才で国会議員をやめるまで、日本の政治をリードし続けました。

長いあいだ、政治家であり続けられた理由には、口が悪いのににくめない、みりょくのある人がらもあったといわれます。病にたおれたときも、かけつけた医者の顔を見て「ご臨終に間に合いましたね」と言うなど、ユーモアをいつもわすれませんでした。

吉田茂は、国のために大きな力をつくした人として、国をあげての特別なそうしき「国葬」で見送られました。国葬が日本で行われたのは、戦争が終わってから今日まで、吉田茂ただひとりです。

きみへのメッセージ

みんながオレを「強引だ」とか「上から目線だ」とかいうがね。オレ自身がどういわれるかなんて、どうでもいいんだよ。大きな目的のためには、いやなものはいや、これはゆずれないと伝えることも、ときには大切なんだ。もちろん、そこにはクスッと笑えるようなユーモアを付け加えることも、わすれてはいかんがな。

吉田茂

伝せん病研究に命をささげた努力の人

野口英世

1876年～1928年

ヘビの毒や梅毒、黄熱病などの研究に力をつくした細菌学者。まずしい農家出身ながら20才で医師免許を取得し、アメリカにわたり研究者として活やく。ノーベル賞のこうほにもなるが、受賞はできなかった。

野口英世は、福島県のまずしい農家に生まれ、「清作」と名づけられました。清作は、わずか1才で人生を大きく変える悲げきにあいます。母親が目をはなしたすきに、いろりに左手をつっこんで、大やけどをしてしまったのです。清作は泣きさけびましたが、お金がないため医者にかかることはできず、左手の指どうしがくっつき、動かなくなってしまいました。

不自由な左手を人からからかわれ、くやしい思いをしながらも、母親の熱心なすすめもあって、清作は勉強にうちこみました。そして15才のとき、学校の先生や友人が出し合ってくれたお金で、左手のしゅじゅつを受けることができました。「指が、動いた！」このときの喜びが、清作に「ぼくも医者になる！」と決意させます。その後、しゅじゅつを受けた病院の先生に弟子入りし、はたらきながら勉強した清作は、わずか20才で医者になるための試験にごうかくしたのでした！

そんな、まじめで努力家の清作ですが、じつは遊び好きで、お金にだらしない一面もあったようです。清作の意外なエピソードをしょうかいしましょう。

ほんと?

その1

お金にはだらしなかった!

お金をかせいでもパーッと使ってしまったり、借金ばかりして返さなかったり…。頭のよかった清作も、お金の管理はあまり上手ではなかったみたい!

遊びも大好きだった！

はたらきながら学ぶというそがしい生活を送りながらも、時間があればチェスや将棋を楽しんだ清作。熱中すると自分が勝つまでやめなかったのだそう。俳句や短歌をよんだり、絵もかいていたとか！

野口英世のえっ。

その3

むりやり名前を変えちゃった！

当時の人気小説『当世書生気質』に登場する青年、野々口精作は、勉強するために東京に向かいますが、みだれた生活を送り、最後には自殺してしまいます。同じように東京へ来た清作は、これを読んで気分を悪くし、本名の「清作」を「英世」という名前にむりやり変えてしまったんだって！

同じ村に野口清作が二人もいたら

まぎらわしいので名前を変えたいのです

は、はい…

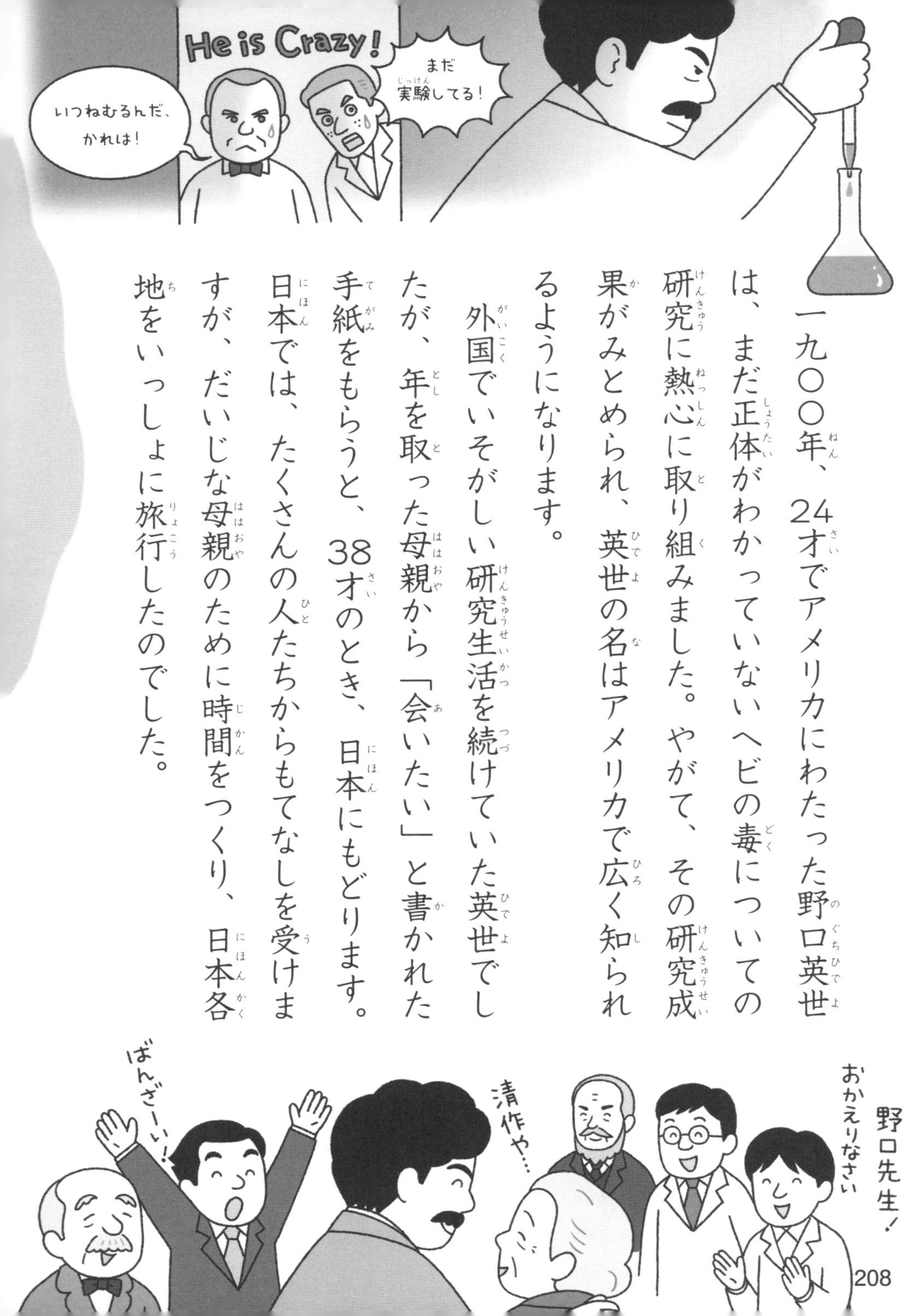

一九〇〇年、24才でアメリカにわたった野口英世は、まだ正体がわかっていないヘビの毒についての研究に熱心に取り組みました。やがて、その研究成果がみとめられ、英世の名はアメリカで広く知られるようになります。

外国でいそがしい研究生活を続けていた英世でしたが、年を取った母親から「会いたい」と書かれた手紙をもらうと、38才のとき、日本にもどります。日本では、たくさんの人たちからもてなしを受けますが、だいじな母親のために時間をつくり、日本各地をいっしょに旅行したのでした。

その後は西アフリカへ行き、当時、ちりょう法がわからず多くの人を苦しめていた黄熱病の研究にうちこみました。しかし、自分も黄熱病にかかってしまい、英世は51才というわかさでこの世を去りました。人びとを苦しめる病気のげんいんとちりょう法をなんとかつきとめたいと、研究に身をささげた人生でした。

きみへのメッセージ

おさないころ、左手にやけどを負ったわたしに、「この子は手を使う力仕事はもうできないから、学問の道に」と勉強をさせてくれた母には、本当にかんしゃしています。みなさんも「もうだめだ」と思ったときは、わたしのことを思い出してください。自分にないものばかりを見ずに、あるものでなにができるかを考えれば、きっと道が開けるでしょう。

野口英世

戦後の日本に勇気をあたえた物理学者

湯川秀樹

1907年～1981年

昭和に活やくした物理学者。中間子理論を発表し、終戦後の1949年に日本人としてはじめてのノーベル賞を受賞する。その後は、アインシュタインらとともに平和運動にも取り組んだ。

みなさんは「量子力学」という学問を知っていますか？

ものをどんどん細かくしていくと、最後に原子というものにいきつきます。その原子のように、小さすぎて目には見えない世界を研究する学問が、量子力学です。

戦争にかかりきりだった日本の科学は、この分野でおくれをとっていました。わたしは

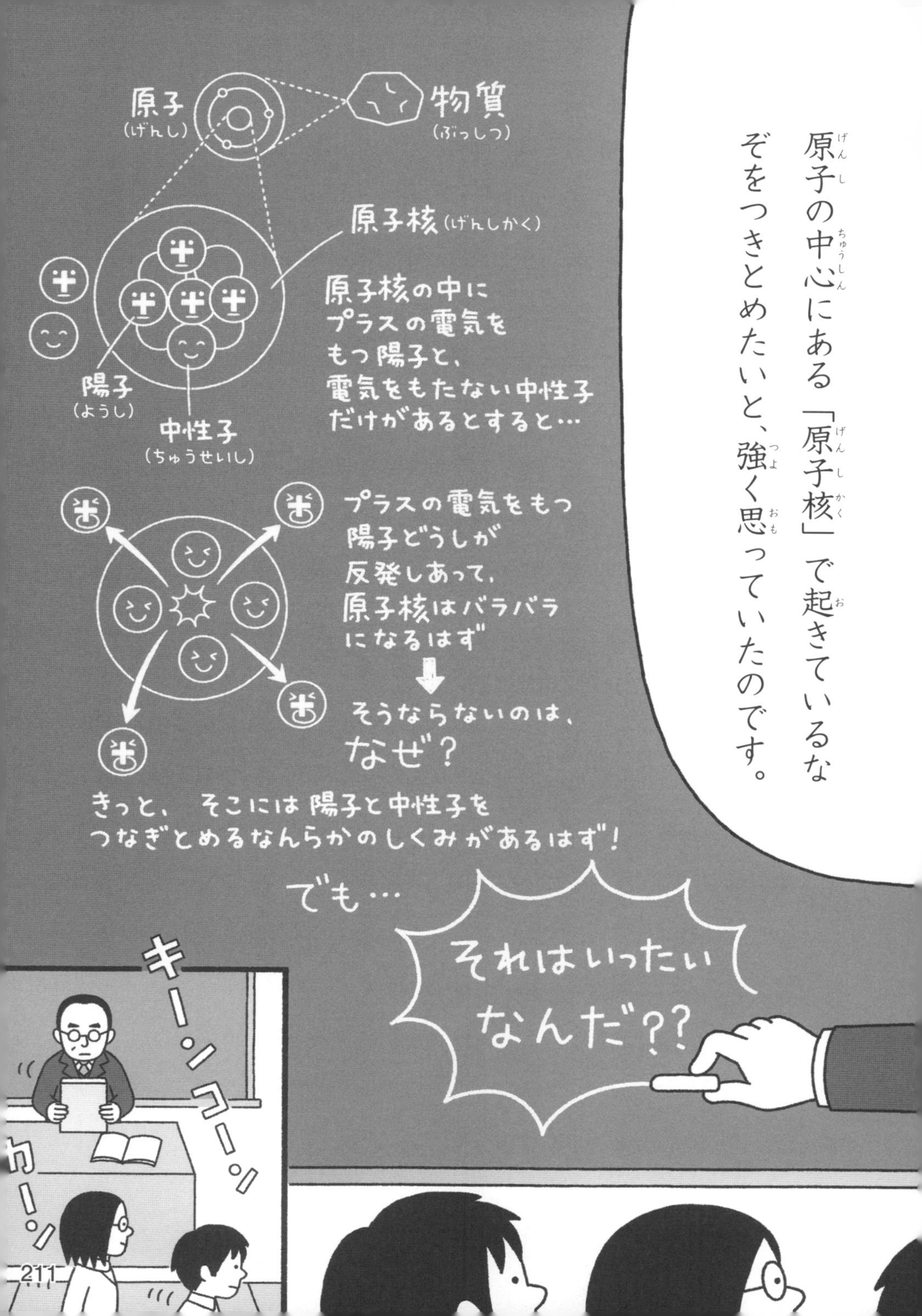
原子の中心にある「原子核」で起きているなぞをつきとめたいと、強く思っていたのです。
原子（げんし）
物質（ぶっしつ）
原子核（げんしかく）
原子核の中にプラスの電気をもつ陽子と、電気をもたない中性子だけがあるとすると…
陽子（ようし）
中性子（ちゅうせいし）
プラスの電気をもつ陽子どうしが反発しあって、原子核はバラバラになるはず
そうならないのは、なぜ？
きっと、そこには陽子と中性子をつなぎとめるなんらかのしくみがあるはず！
でも…
それはいったいなんだ？？
キーンコーン
カーン

わたしの父は地質学者で、家には図書館のように本がたくさんあった。だから、わたしはとくに学校のせいせきがよかったわけでもないが、本を読むことと数学だけは、子どものころから好きだった。

読書を通じて物理学にきょうみをもったわたしは、「物質はどこまで小さくできるか」というぎもんをめぐって、兄と言い合いになったりもした。

「分子がもっとも小さい。そんなの当たり前だ」という兄に、わたしは「もっと小さいものに分けられるはずだ」と意見したが、当時は聞いてもらえなかったっけ…。

（その後、分子より小さい物質、原子が発見された。）

大学では、ずっと学びたかった量子力学を勉強し、昔からぎもんに思っていた「陽子と中性子をつなぎとめるなんらかのしくみ」についての研究に取り組んだ。しかし、その答えをつきとめるのは、かんたんではなかった。

毎日、ねるまでふとんの中で考え、思いついたことをノートに書きこむ生活が続いた。そして、ある夜、ついに決定的な考えに行きついたのだ。

わたしはこの理論を「中間子理論」という形で発表した。はじめは科学界でまったく受け入れてもらえなかった。

しかし、しばらくしてから、海外のある物理学者が、宇宙から地球にとどく宇宙線の中に、新たな粒子を発見した。

これによって、中間子のそんざいがしょうめいされ、わたしの論文はようやく世界からみとめられたのだった。

アジア・太平洋戦争が終わってから4年後の一九四九年、「中間子理論」によって、わたしは日本人ではじめてノーベル物理学賞を受賞した。おくれていた日本の物理学が、世界にみとめられたしゅんかんだった。戦争に負けて暗くしずんでいた人びとに、希望と勇気をあたえられたのも、とてもうれしかった。

そして、その後のわたしの進むべき道が見えたのは、世界的な天才科学者・アインシュタイン博士に会ったときだ。かれは会ったとたん、わたしの両手をにぎり、泣きながらこう言った。

わたしの研究が
核兵器の開発に
手をかしてしまったせいで、
アメリカは日本に原子爆弾を
落とすことになった…
ゆるしてください！

わたしは、科学者としてあるべきすがたを見た。それからわたしは、世界に向けて「核兵器の使用をやめよう！」とよびかける活動をはじめた。世界平和のためには、科学者は研究するだけでなく、その研究がまねく結果を見すえて行動すべきなのだ。このことを、わたしはわかい科学者たちに伝えていきたいと思う。

きみへのメッセージ

未知の世界を探求する人びとは、地図を持たない旅人です。目的地がどこにあるかは、だれにもわかりません。ましてや目的地へ続くまっすぐな道など、ありはしないのです。

湯川秀樹

昭和ってこんな時代！

みんなの家族や親せきには、昭和の終わりごろに生まれた人も多いと思います。そう考えると、昭和を少し身近に感じるかもしれません。ただし昭和の前半は、つらい「戦争の時代」でした。多くの命を失う戦争を二度とくり返さないためにも、昭和について知っておきましょう。

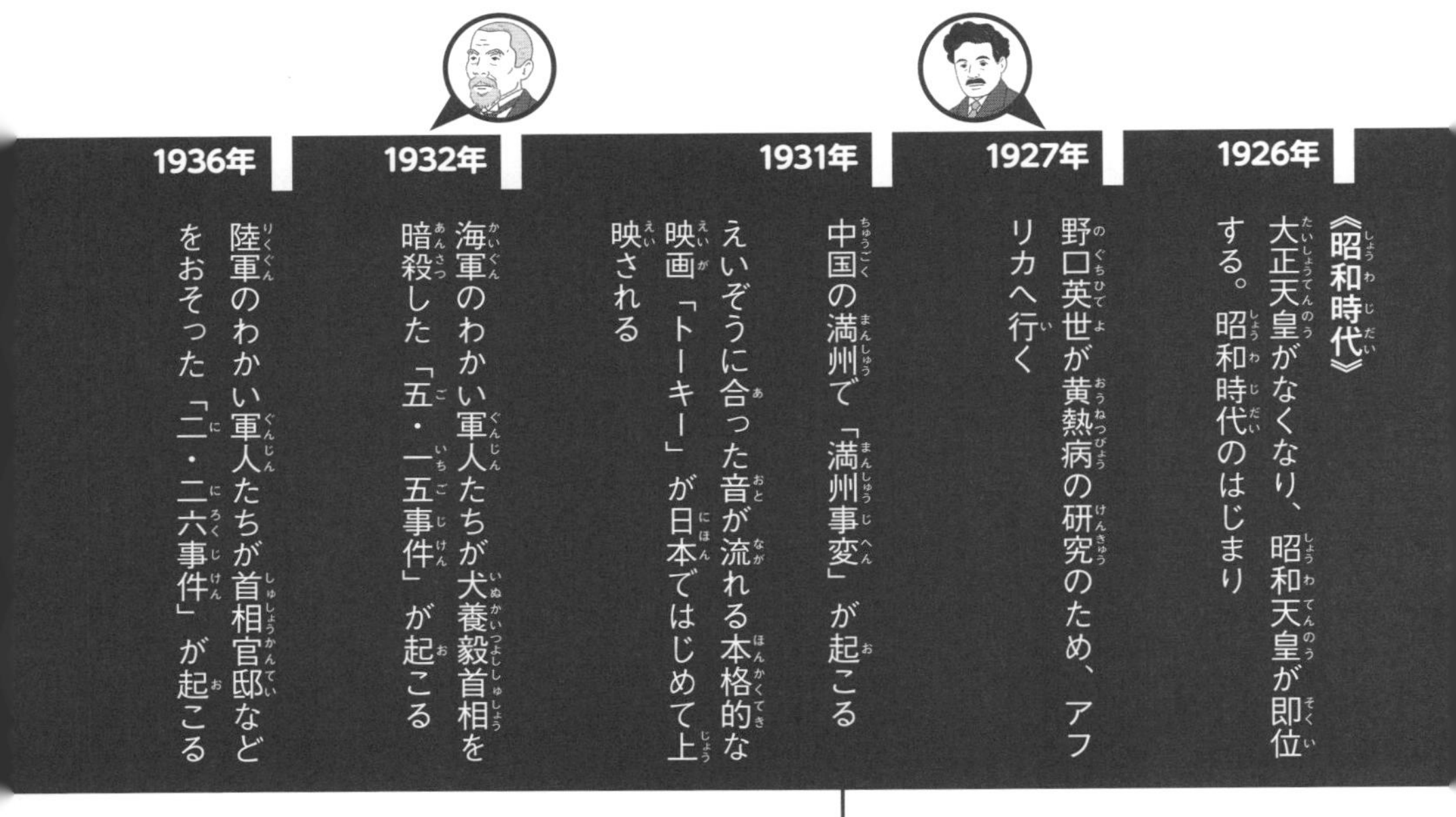

1926年
《昭和時代》
大正天皇がなくなり、昭和天皇が即位する。昭和時代のはじまり
1927年
野口英世が黄熱病の研究のため、アフリカへ行く
1931年
中国の満州で「満州事変」が起こる
えいぞうに合った音が流れる本格的な映画「トーキー」が日本ではじめて上映される
1932年
海軍のわかい軍人たちが犬養毅首相を暗殺した「五・一五事件」が起こる
1936年
陸軍のわかい軍人たちが首相官邸などをおそった「二・二六事件」が起こる

日本軍がわざと起こした「満州事変」

中国の満州にいた日本軍が、中国軍のしわざとみせかけて南満州鉄道をばくはしたといわれる事件。これをきっかけに、日本は満州全体をせんりょうして「満州国」を成立させます。しかし、国際連盟はこれをみとめなかったため、日本は国際連盟をぬけ、外国との対立をさらに深めていきました。

長引いた「日中戦争」

満州国を建てた日本軍と中国軍とのにらみ合いが続くなか、ついに両軍がぶつかり、日中戦争がはじまります。日本は中国の首都・南京に大量の兵を送りこみ、支配。その後も大都市をせんりょうしていきますが、中国もはんげきし、戦いは長引きます。そんななか、日本はアジア・太平洋戦争へと進んでいくのです。

戦争で学校も変わった

戦争は、子どもたちの学校生活も変化させました。1941年、これまでの「尋常小学校」が「国民学校」へと変わったのです。国民学校の目的は、心や体をきたえてりっぱな国民になること。武道や団体行動の訓練が行われ、天皇と国家に身も心もささげよと教えられました。しょうらいの戦争で役立つ人間を育てようとしたのです。

1937年

日本と中国のあいだで「日中戦争」がはじまる

1939年

「第二次世界大戦」がはじまる

1941年

日本海軍がアメリカ・ハワイの真珠湾をこうげきし、「アジア・太平洋戦争」がはじまる

1944年

日本が戦争で負けはじめ、子どもたちだけを地方の農村にひなんさせる「学童疎開」が進む

1920年からはじまったプロ野球が休止される

「第二次世界大戦」ってなに？

ドイツがポーランドにせめこんではじまった戦争。日本、ドイツ、イタリアが「日独伊三国同盟」を結んで、イギリス、フランス、アメリカ、ソ連を中心とした連合国と戦うことになり、世界中をまきこむ大きな戦争となりました。

「アジア・太平洋戦争」ってなに？

ドイツやイタリアと同盟を結んだ日本に対し、アメリカは石油などのねんりょうを日本へ輸出しないことを決定。こまった日本はアメリカと話し合おうとしますが、うまくいかず、日本はハワイの真珠湾をこうげき。アジア・太平洋戦争のはじまりです。最初、日本軍は連合国が植民地としていたアジアのちいきをつぎつぎと支配しますが、アメリカのはげしいはんげきにより、しだいに追いこまれていきます。

まさに「じごく」…沖縄戦

終戦の直前、日本はアジア各地で負け続け、その最後の戦地となった沖縄に、アメリカはもうれつなこうげきをしかけました。兵隊だけでなく、沖縄にくらす住民たちも同じようにこうげきにさらされ、12万人以上の民間人がなくなりました。「アメリカ軍につかまるぐらいなら…」と自ら命をたつ人も多かったといいます。

1945年

アメリカ軍による東京大空襲と、沖縄への上陸作戦がはじまる

8月には広島と長崎に「原子爆弾」が落とされ、日本は「ポツダム宣言」を受け入れて、戦争が終わる

1946年

「日本国憲法」が公布される

吉田茂が総理大臣になる

1949年

湯川秀樹がノーベル賞を受賞する

1950年

ひとつの国だった朝鮮が北朝鮮と韓国に分かれて戦う「朝鮮戦争」が起こる

1951年

連合国との戦争を完全に終わらせる「サンフランシスコ講和条約」に調印

アメリカ軍の基地を日本におく代わりに、日本があぶないときはアメリカ軍が守るという「日米安全保障条約」を結ぶ

「ポツダム宣言」ってなに？

アメリカ、イギリス、中国、ソ連によって出された、日本に負けをみとめるようすすめた宣言。7月に発表されましたが、日本はこれをみとめず、8月に広島と長崎に原子爆弾が落とされてから受け入れて、すべての戦争がようやく終わりをむかえたのです。

原子爆弾のおそろしさ

空中でばくはつし、ひとつの都市を丸ごとはかいしてしまう原子爆弾。高温の熱線により鉄やガラスもふっとうして空気に変わり、はげしい風をまきおこします。これが落とされた広島と長崎の中心地では、屋外にいた人はみんないっしゅんで黒コゲになり、なくなりました。子どもも女性も関係なく、みな殺しにするおそろしい兵器で、これ以後、戦争で使われたことはありません。

外国人から見た日本…ダグラス・マッカーサー（1880年～1964年）

ワタシは、GHQの最高司令官、ダグラス・マッカーサーだ。戦後の日本をみちびくため、アメリカから日本にやってきた。ワタシは日本にいた5年間で、日本人がどんな人たちなのかよくわかった。われわれが45才だとすれば、当時の日本人は12才の少年のようだった。やわらかい頭をもち、まるで真っ白な紙のように、民主主義という新しい考え方を受け入れてくれたのだから。

1953年 日本放送協会（NHK）のテレビ放送がはじまる

1956年 国際連盟に代わって1945年につくられた「国際連合」に日本が加入する

1958年 はじめてインスタント・ラーメンが発売される

1960年 「日米新安全保障条約」が調印される

1964年 東京駅から新大阪駅を結ぶ「東海道新幹線」が開通する
東京オリンピックが開かれる

1972年 アメリカに支配されていた沖縄諸島が日本に返される

1983年 「東京ディズニーランド」が開園する

1989年 昭和天皇がなくなり、平成時代がはじまる

「日米新安全保障条約」ってなに？

1951年に結ばれた日米安全保障条約は、「アメリカに日本を守ってもらう」ためのものでした。新しい安全保障条約では、これが変わり、「日本がこうげきされたときには、アメリカと日本が共同で行動する」とされました。このため、国民のなかには「また日本が戦争にまきこまれるのでは」と反対する人もたくさんいました。

戦後つくられた「日本国憲法」

「国のことを決めるけんりは国民がもつ」「すべての国民は、人としてのきほん的なけんりを守られる」「戦争は二度とせず、武器ももたない」などをもりこんだ今の日本の憲法。日本はこれまでとちがう憲法をもつべきと考えたGHQの求めにより、日本政府とGHQが協力して作成しました。

こうして平成の世に……

戦争の時代が終わり、ボロボロになった日本人は、国を立て直そうと必死にはたらきます。そしてわずか15年ほどで、日本の経済は世界もおどろくほどに成長しました。

科学技術も発達し、新しい機械や商品がどんどんつくられ、国はゆたかになっていきました。一九六四年には東京でオリンピックが開かれるほどになり、新幹線、東京タワー、高速道路がつくられました。

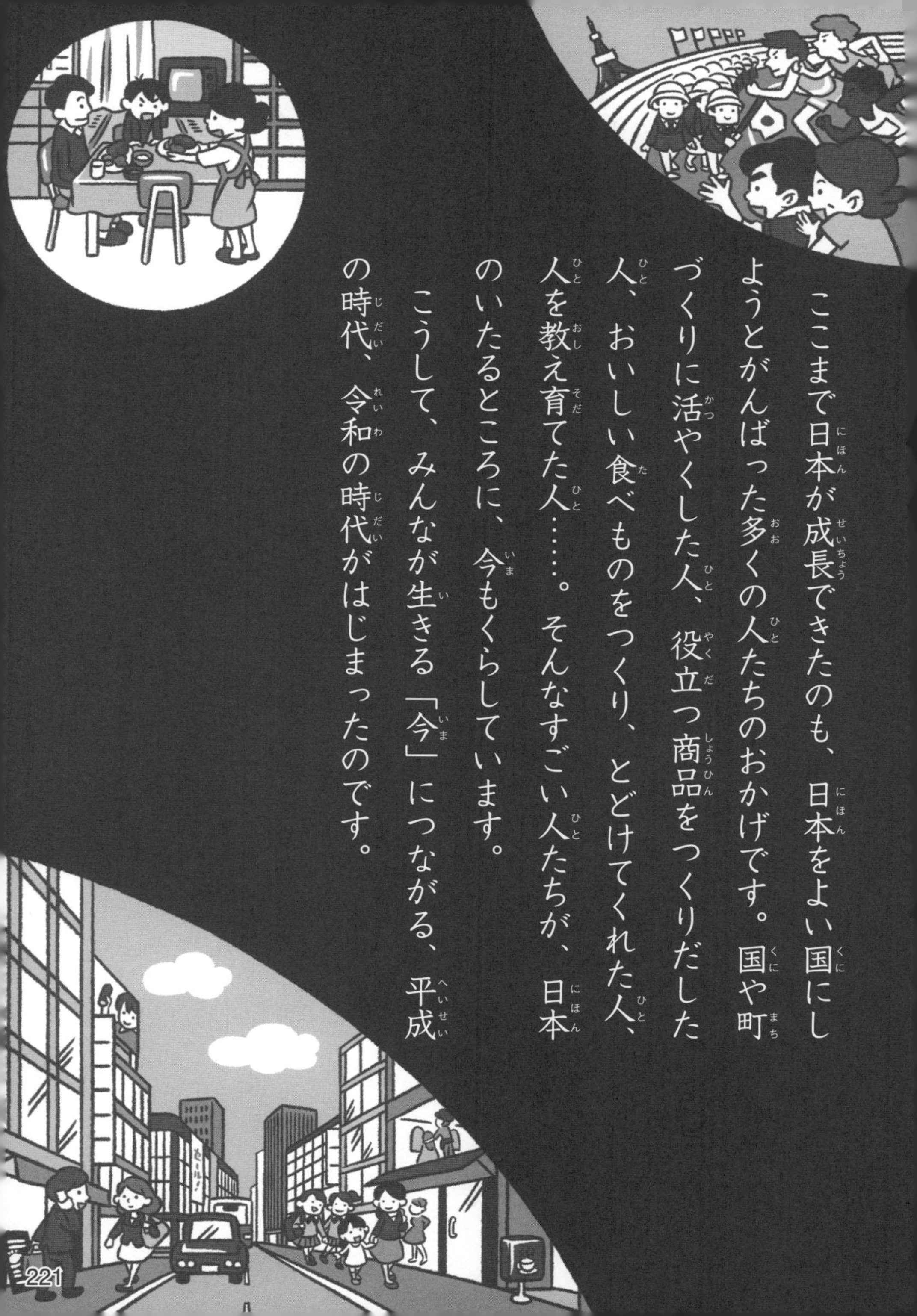

ここまで日本が成長できたのも、日本をよい国にしようとがんばった多くの人たちのおかげです。国や町づくりに活やくした人、役立つ商品をつくりだした人、おいしい食べものをつくり、とどけてくれた人、人を教え育てた人……。そんなすごい人たちが、日本のいたるところに、今もくらしています。

こうして、みんなが生きる「今」につながる、平成の時代、令和の時代がはじまったのです。

おうちの方へ

小学校の歴史学習は、６年生の社会科でようやくはじまり、主要な歴史上の人物のはたらきや代表的な文化遺産を中心に学びます。

本書は、そんな歴史学習がはじまる前からでも、日本の歴史や偉人に興味をもった子ども、むしろ興味をもっていない子どもに、今の日本をつくったといえるすごい人物たちの物語を、とにかく楽しんで読んでもらいたいと願って制作したものです。

歴史というと、つい暗記科目と思われがちです。けれども、日本に実在していた人物のリアルな人生や思いを知ることは、年号や歴史用語を覚えること以上に深い意味があります。

そもそも「歴史を学ぶ」ということは、単に過去の人間の営みを明らかにすることにとどまりません。現代に生きる私たちは、それぞれの人物が歴史の形成に果たした役割を知ることから、さまざまな教訓を導き出し、未来に生きる指針を得られるのです。

本書を通して、子どもたちが歴史上の人物たちと出会い、かれらの人間性や行動から学んだことが、実りある未来に向けて歩むための糧となるよう願っています。

さあ、本書を開いて、「歴史を学ぶ」という、時間と空間を超えた旅に出かけましょう。

筑波大学人文社会系教授
伊藤 純郎

参考文献

『ヨーロッパ文化と日本文化』岩波書店
『日本の国際化を考える(2)宣教師が見た日本』武蔵野大学政治経済研究所年報(5号)・２０１２
ＷＥＢ『茶の湯　こころと美』表千家
『池上彰の現代史授業――21世紀を生きる若い人たちへ』ミネルヴァ書房
『人物なぞとき日本の歴史　1　縄文〜奈良時代』小峰書店
『人物なぞとき日本の歴史　2　平安時代』小峰書店
『人物なぞとき日本の歴史　6　幕末〜明治時代前期』小峰書店
『人物なぞとき日本の歴史　7　明治時代後期〜平成時代』小峰書店
『歴史人物アルバム　日本をつくった人たち大集合　1　鎌倉・室町・安土時代の50人』ＰＨＰ研究所
『歴史人物アルバム　日本をつくった人たち大集合　4　明治時代の54人』ＰＨＰ研究所
『歴史人物アルバム　日本をつくった人たち大集合　5　大正・昭和・平成時代の50人』ＰＨＰ研究所
『ビジュアルブック　語り伝えるアジア・太平洋戦争第1巻　開戦への道のり』新日本出版社
『すぐに使える　日本なんでも年表』岩崎書店
『ＮＨＫ歴史秘話ヒストリア　歴史にかくされた知られざる物語　1　飛鳥時代〜南北朝時代編』金の星社
『ＮＨＫ歴史秘話ヒストリア　歴史にかくされた知られざる物語　4　幕末・維新編』金の星社
『ＮＨＫ歴史秘話ヒストリア　歴史にかくされた知られざる物語　5　明治時代・昭和編』金の星社
『ジュニア・ワイド版　日本の歴史　第2巻　貴族の世と武士』集英社
『歴史おもしろ新聞　3　栄華をきわめる藤原氏』ポプラ社
『人物・遺産でさぐる日本の歴史④　平安京の貴族と文化』小峰書店
『人物・遺産でさぐる日本の歴史⑤　地方の動きと武士の誕生』小峰書店
『学研まんが　日本の歴史　4巻　栄える貴族』学習研究社
『十訓抄』岩波書店
『増補　ジュニア版　日本の歴史　第2巻　武士の社会』読売新聞社
『源頼朝のすべて』新人物往来社
『日本史に出てくる組織と制度のことがわかる本』新人物往来社
『学習漫画　日本の歴史　11　天下統一への道』集英社
『学習漫画　日本の歴史　12　江戸幕府ひらく』集英社
『学習漫画　日本の歴史　13　町人たちの世の中』集英社
『学習漫画　日本の歴史　14　ゆらぐ江戸幕府』集英社
『学習漫画　日本の歴史　別巻2　できごと事典』集英社
『人物・資料でよくわかる日本の歴史　2　古墳・飛鳥時代』岩崎書店
『人物・資料でよくわかる日本の歴史　3　奈良時代』岩崎書店
『人物・資料でよくわかる日本の歴史　5　鎌倉時代』岩崎書店
『こども歴史人物新聞』世界文化社
『ポプラディア情報館(38)日本の歴史4幕末〜昭和時代(前期)』ポプラ社
『人物日本の歴史・日本を変えた53人』学習研究社
『読む日本の歴史7　日本をつくった人びとと文化遺産　近代日本を開いた人びと』あすなろ書房
『特選　時代を動かした人々〈維新編〉　1　坂本龍馬』小峰書店
『特選　時代を動かした人々〈維新編〉　6　伊藤博文』小峰書店
『歴史の流れがわかる　時代別新・日本の歴史　第4巻　鎌倉時代』学研プラス
『歴史の流れがわかる　時代別新・日本の歴史　第8巻　江戸時代(後期)』学研プラス
『歴史の流れがわかる　時代別新・日本の歴史　第9巻　明治時代(前期)』学研プラス
『明治維新がわかる事典』ＰＨＰ研究所
『文明開化絵事典』ＰＨＰ研究所
『知識ゼロからの坂本龍馬入門』幻冬舎
『平塚らいてう　女性が輝く時代を拓く』草土文化
『明治天皇　幕末明治激動の群像』新人物往来社
『人物や文化遺産で読み解く日本の歴史(6)伊藤博文・横浜港・文明開化【幕末・明治時代】』あかね書房
『幕末志士イラスト名鑑』学習研究社
『伝記　世界を変えた人々　20　夏目漱石』偕成社
『楽しく調べる人物図解日本の歴史6　知ってほしい幕末・明治維新に活躍した人びと』あかね書房
『教科書に出てくる歴史人物・文化遺産(6)江戸時代(後期)・幕末』学研教育出版
『教科書に出てくる歴史人物・文化遺産(7)明治・大正・昭和時代』学研教育出版
『この人を見よ！歴史をつくった人びと伝　24　与謝野晶子』ポプラ社
『特選・ＮＨＫにんげん日本史(13)　伊藤博文―明治の国づくりをリードして―』理論社
『特選・ＮＨＫにんげん日本史(15)　西郷隆盛と大久保利通―新しい時代、明治の礎となって―』理論社
『ＮＨＫにんげん日本史　坂本龍馬―日本の〝洗濯〟にいどむ―』理論社
『図解で迫る　西郷隆盛』淡交社
『明治・大正・昭和天皇の生涯　愛蔵版』新人物往来社
『図解雑学　幕末・維新』ナツメ社
『戦国武将群雄ビジュアル百科』ポプラ社
『「名将言行録」を読む』致知出版社
『歴史群像シリーズ特別編集　激震　織田信長　新装改訂版』学習研究社
『歴史群像シリーズ戦国セレクション　驀進　豊臣秀吉―日本一の出世人』学習研究社
『歴史群像シリーズ41　徳川吉宗―八代米将軍の豪胆と政治』学習研究社
『豊臣秀吉事典　コンパクト版』新人物往来社
『歴史群像シリーズ特別編集　決定版　図説　名言で読む日本史人物伝』学習研究社
『新版　日本史新聞』日本文芸社
『詳説日本史(日Ｂ３０１)』山川出版社
『最新日本史図表』第一学習社
『一個人特別編集　「奥の細道」を旅する』ベストセラーズ
『新詳日本史』浜島書店
『ビジュアル版　日本史１０００人　下巻』世界文化社
『週刊ビジュアル日本の歴史　No.28』ディアゴスティーニ
『ビジュアル百科　日本史１２００人　1冊でまるわかり！』西東社

監修者

伊藤純郎　いとう じゅんろう

筑波大学大学院人文社会系歴史・人類学専攻長、教授。1957年長野県生まれ。茗渓学園中学高等学校教諭、筑波大学助教授を経て、現職。専門は日本近現代史・歴史教育学。著書に『郷土教育運動の研究』（思文閣出版）、『歴史学から歴史教育へ』（NSK出版）、『中学校 新学習指導要領の展開 社会科編』（明治図書出版）、『究極の中学校社会科 歴史編』（日本文教出版）などがある。

たのしく読める
日本のすごい歴史人物伝

監修者　伊藤純郎
発行者　高橋秀雄
編集者　外岩戸春香
発行所　**株式会社 高橋書店**
〒170-6014 東京都豊島区東池袋3-1-1 サンシャイン60 14階
電話　03-5957-7103

ISBN978-4-471-10380-4

本書の内容についてのご質問は「書名、質問事項（ページ、内容）、お客様のご連絡先」を明記のうえ、郵送、FAX、ホームページお問い合わせフォームから小社へお送りください。

回答にはお時間をいただく場合がございます。また、電話によるお問い合わせ、本書の内容を超えたご質問にはお答えできませんので、ご了承ください。本書に関する正誤等の情報は、小社ホームページもご参照ください。

【内容についての問い合わせ先】
書　面　〒170-6014 東京都豊島区東池袋3-1-1 サンシャイン60 14階　高橋書店編集部
F A X　03-5957-7079
メール　小社ホームページお問い合わせフォームから　(https://www.takahashishoten.co.jp/)

【不良品についての問い合わせ先】

ページの順序間違い・抜けなど物理的欠陥がございましたら、電話03-5957-7076へお問い合わせください。

ただし、古書店等で購入・入手された商品の交換には一切応じられません。